山东省重点研发计划软科学项目"山东省制造业科技链人才链创新链协同机制与路径研究"(2023RKY03001)阶段性研究成果

菏泽学院博士科研基金(XY22BS63)项目研究成果

# 心理资本视角下制造业员工沉默行为的影响机制研究

XINLI ZIBEN SHIJIAO XIA ZHIZAOYE
YUANGONG CHENMO XINGWEI DE YINGXIANG JIZHI YANJIU

李连辉／著

中国纺织出版社有限公司

## 图书在版编目（CIP）数据

心理资本视角下制造业员工沉默行为的影响机制研究 / 李连辉著 . --北京：中国纺织出版社有限公司，2024.3
ISBN 978-7-5229-1464-0

Ⅰ.①心… Ⅱ.①李… Ⅲ.①制造工业-工业企业-职工-行为分析-研究 Ⅳ.①F407.406

中国国家版本馆 CIP 数据核字（2024）第 048570 号

责任编辑：毕仕林　国　帅　　　责任校对：高　涵
责任印制：王艳丽

中国纺织出版社有限公司出版发行
地址：北京市朝阳区百子湾东里 A407 号楼　邮政编码：100124
销售电话：010—67004422　传真：010—87155801
http://www.c-textilep.com
中国纺织出版社天猫旗舰店
官方微博 http://weibo.com/2119887771
三河市宏盛印务有限公司印刷　各地新华书店经销
2024 年 3 月第 1 版第 1 次印刷
开本：710×1000　1/16　印张：11
字数：195 千字　定价：98.00 元

凡购本书，如有缺页、倒页、脱页，由本社图书营销中心调换

# 前　言

  我国的企业员工的沉默行为普遍存在。如何消除其负面影响，促进绩效水平的提升是亟待解决的问题。因此，组织中的员工沉默行为越来越引起管理者和学界的重视。

  制造业作为国民经济的命脉，是推动技术创新和促进结构转型的主力军。制造业高质量发展对于落实好高质量发展战略具有重要的现实意义。2023年全国两会期间，习近平总书记在参加江苏代表团审议时指出，我国的制造业门类非常齐全，现在要努力的，就是全面提升，过去的中低端要向上走，布局高端。如何布局高端？在心理资本视角下，减少员工沉默行为的影响，积极做好制造业员工的激励工作，对于企业整体绩效的提升具有至关重要的作用。

  本书结合新时代新背景，收集制造业的有效样本数据，对理论模型进行实证分析，厘清了员工沉默行为、心理资本对员工绩效的作用原理，检验了心理资本的中介效应，分析了权力距离和组织信任的调节作用。从研究成果来看，在制造业企业的经营管理中，首先，要重视心理资本的中介效应，努力创造良好的条件，积极提升员工的心理资本水平；其次，针对我国企业员工权力距离高的特质，对权力距离作为中介前的调节作用的变量应予以足够重视，制定有效的管理措施，降低员工的权力距离感知，增强员工的心理资本，促进绩效水平的提升；最后，要充分发挥中介后组织信任调节的正向拉动作用，进一步推动绩效产出更上一个台阶。本研究的结果丰富了员工沉默行为的理论研究，对制造业企业员工沉默行为形成后的应急处理与绩效提升具有借鉴意义，可为制造业企业有效节约成本，及时净化组织环境，为保障组织的持续健康及稳定发展提供理论支撑。

  本书在写作过程中学习借鉴了很多专业学者的理论观点，在此向他们表示敬佩和衷心感谢。希望本研究所做的理论分析和提出的对策建议能够对制造业员工行为的发展有所启示，有助于制造业企业在高质量发展中发挥更大的作用。由于作者学术水平有限，本书的观点难免有不完善之处，敬请读者批评、指正。

著者

2024年1月

# 目 录

第 1 章 绪 论 ································································· 1
 1.1 课题背景 ····························································· 1
 1.2 选题意义 ····························································· 3
  1.2.1 理论意义 ······················································· 3
  1.2.2 实践意义 ······················································· 4

第 2 章 研究现状分析 ····················································· 5
 2.1 员工沉默行为研究综述 ········································· 5
  2.1.1 员工沉默行为的含义 ······································· 5
  2.1.2 员工沉默行为的维度与测量 ····························· 5
  2.1.3 员工沉默行为的前因变量 ································· 8
  2.1.4 员工沉默行为的结果变量 ······························· 12
  2.1.5 小结 ···························································· 14
 2.2 心理资本研究综述 ················································ 15
  2.2.1 心理资本的含义 ············································ 15
  2.2.2 心理资本的维度与测量 ··································· 16
  2.2.3 心理资本的前因变量 ······································ 19
  2.2.4 心理资本的结果变量 ······································ 23
  2.2.5 心理资本的中介作用 ······································ 26
  2.2.6 小结 ···························································· 27
 2.3 员工绩效研究综述 ················································ 28
  2.3.1 员工绩效的含义 ············································ 28
  2.3.2 员工绩效的维度与测量 ··································· 29
  2.3.3 员工绩效的前因变量 ······································ 31
  2.3.4 小结 ···························································· 35
 2.4 组织信任研究综述 ················································ 35

2.4.1　组织信任的含义 ………………………………………… 35
　　2.4.2　组织信任的维度与测量 …………………………………… 36
　　2.4.3　组织信任的前因变量 ……………………………………… 40
　　2.4.4　组织信任的结果变量 ……………………………………… 44
　　2.4.5　组织信任的调节作用 ……………………………………… 47
　　2.4.6　小结 ………………………………………………………… 49
2.5　权力距离研究综述 ………………………………………………… 50
　　2.5.1　权力距离的含义 …………………………………………… 50
　　2.5.2　权力距离的前因变量 ……………………………………… 51
　　2.5.3　权力距离的结果变量 ……………………………………… 53
　　2.5.4　权力距离的调节作用 ……………………………………… 55
　　2.5.5　小结 ………………………………………………………… 56
2.6　目前的研究不足 …………………………………………………… 57
　　2.6.1　将员工沉默行为作为自变量的研究不足 ………………… 57
　　2.6.2　员工沉默行为对个体自身的影响研究不足 ……………… 58
　　2.6.3　员工沉默行为与心理资本间的调节作用机制研究不足 … 58

## 第3章　研究假设及问卷预测试 ……………………………………… 61
3.1　初期研究框架的探索 ……………………………………………… 61
　　3.1.1　验证了员工沉默行为对心理资本的影响可能存在 ……… 61
　　3.1.2　验证了员工沉默行为对员工绩效的影响可能存在 ……… 62
　　3.1.3　验证了心理资本对员工绩效的影响可能存在 …………… 63
　　3.1.4　验证了组织信任在员工沉默行为与心理资本之间的
　　　　　调节作用可能存在 ……………………………………… 64
　　3.1.5　验证了权力距离在员工沉默行为与心理资本之间的
　　　　　调节作用可能存在 ……………………………………… 65
3.2　研究目标 …………………………………………………………… 65
3.3　研究模型与假设 …………………………………………………… 66
　　3.3.1　员工沉默行为与心理资本 ………………………………… 67
　　3.3.2　心理资本与员工绩效 ……………………………………… 68
　　3.3.3　员工沉默行为与员工绩效 ………………………………… 70

  3.3.4　心理资本的中介效应 …………………………………… 70
  3.3.5　组织信任的调节作用 …………………………………… 71
  3.3.6　权力距离的调节作用 …………………………………… 72
 3.4　研究假设整理 …………………………………………………… 72
 3.5　测量变量 ………………………………………………………… 74
 3.6　量表设计 ………………………………………………………… 75
 3.7　测量量表 ………………………………………………………… 75
  3.7.1　员工沉默行为量表 ……………………………………… 76
  3.7.2　心理资本量表 …………………………………………… 77
  3.7.3　员工绩效量表 …………………………………………… 78
  3.7.4　组织信任量表 …………………………………………… 79
  3.7.5　权力距离量表 …………………………………………… 80
 3.8　样本预测试 ……………………………………………………… 81
  3.8.1　样本概况描述 …………………………………………… 81
  3.8.2　预测试题项的信度分析 ………………………………… 82
 3.9　正式样本调查 …………………………………………………… 87
 3.10　本章小结 ……………………………………………………… 89

## 第 4 章　数据分析及讨论 ……………………………………………… 91
 4.1　描述性统计分析 ………………………………………………… 91
 4.2　信度及效度分析 ………………………………………………… 93
  4.2.1　信度分析 ………………………………………………… 93
  4.2.2　效度分析 ………………………………………………… 94
 4.3　共同方法偏差 …………………………………………………… 99
 4.4　假设检验 ………………………………………………………… 99
  4.4.1　相关分析 ………………………………………………… 99
  4.4.2　心理资本的中介效应检验 ……………………………… 101
  4.4.3　调节作用检验 …………………………………………… 108
  4.4.4　最终结构方程模型 ……………………………………… 116
 4.5　假设检验结果 …………………………………………………… 117
 4.6　本章小结 ………………………………………………………… 118

## 第5章 结论及研究展望 ......119
### 5.1 结果讨论 ......119
#### 5.1.1 员工沉默行为与心理资本之间实证分析的结果 ......119
#### 5.1.2 心理资本的中介效应及其与员工绩效之间实证分析的结果 ......120
#### 5.1.3 员工沉默行为与员工绩效之间实证分析的结果 ......120
#### 5.1.4 组织信任的调节作用 ......121
#### 5.1.5 权力距离的调节作用 ......122
### 5.2 管理贡献与实践启发 ......123
#### 5.2.1 针对员工沉默行为通过心理资本作用于员工绩效 ......123
#### 5.2.2 提升员工的心理资本水平 ......124
#### 5.2.3 重视权力距离的调节作用 ......124
#### 5.2.4 重视组织信任的调节作用 ......125
### 5.3 研究局限 ......126
#### 5.3.1 调节变量的探讨 ......126
#### 5.3.2 研究样本的局限 ......126
### 5.4 未来展望 ......126
#### 5.4.1 默许性沉默的深化研究 ......126
#### 5.4.2 员工沉默行为含义的推演 ......127
#### 5.4.3 调节直接效应的变量研究 ......127
#### 5.4.4 员工建言行为的研究 ......127

**参考文献** ......129

**附 录** ......153
- 附录1 访谈题项 ......153
- 附录2 访谈内容 ......154
- 附录3 预测试问卷 ......158
- 附录4 正式调查问卷 ......163

# 第1章 绪　论

## 1.1　课题背景

在企业中，当员工的沉默行为发生后，时间一长就会对个体的心理资本造成不好的影响，使其产生消极情绪和反生产行为，影响绩效水平，对企业的长远发展不利。但是，员工沉默行为的发生比较隐秘，其作用机制也相当复杂，为了深入探索其发生发展的内在理论原理，需要深入企业实践进行分析。

山东DX集团是一家专门从事塑料管业的区域知名企业，其生产的聚丙烯（PPR）给水管在行业内较有知名度。集团于2016年承接了河南JY住宅集团（中国）有限公司在濮阳市部分项目PPR给水管（白色）的业务，该客户为国家一级房地产企业。因此，在合同签署后，山东DX集团高度重视，专门成立了由集团王副总牵头的协调小组，由王副总任组长，生产部张部长、采购部胡部长、人力资源部杨部长等任副组长，质检部小魏等任小组成员。当产品小样按照要求生产出来，即将规模生产的前一周，王副总召集相关部门人员召开协调会，并把产品小样带到会场让在场人员提建议。就在其他人员纷纷称赞产品质量好时，作为化学原料及化学制品专业出身的质检部的小魏，凭着专业的敏感发现管子有细微的杂色。当他想在会上提出这个问题时，看了一眼正谈笑风生的生产部张部长和采购部胡部长，话到嘴边又咽了回去。小魏心想："我只是质检部的一名普通人员，讲话没有影响力，提出这个问题会不会让领导感觉小题大做呢？会不会让张部长和胡部长难堪，甚至得罪其他参与生产的同事？再说了，这批管子有细微的杂色问题也不一定影响交货，而我仅仅是一个小职员，按月领取工资，集团的发展离我比较远。百害无一利，不说算了。"所以，质检部的小魏没有在会上指出产品色泽的问题。待数月以后交货，客户反馈PPR给水管色泽不纯正，有可能掺入了回收料、下脚料等，建议发回重新生产。最终，该事件给山东DX集团造成近百万元的经济损失。

以上材料中发生的事情虽然已经过去几年，但是质检部的员工小魏有能力对存在的问题提出建议，因种种原因保留观点，保持沉默致使集团遭受较大损失的行为依然值得人们深思。美国学者于2000年正式提出了"沉默行为"的概念

（E W Morrison, et al., 2000）。随着人们对该概念理解的加深，发现在组织中存在类似于"皇帝的新装"故事中的情景，多数员工清楚知道事情的真相，因害怕领导或者同事讥笑等选择保持沉默（何铨，等，2006）。在美国的一项调查中发现，85%的受访员工至少有过一次沉默经历，即便员工认为自己的建议有可能对公司的发展很重要（Milliken, 2003），但员工保留意见的行为在组织中仍普遍存在（Dong, et al., 2020）。由此可见，员工沉默行为在组织中存在一定的广度和频度。其实，美国安然公司在倒闭前，公司员工已经觉察到组织的重大危机，但是员工保持了沉默，我们可以从挑战者号航天飞机失事和安然公司的倒闭等事件中得到启示，沉默行为会给组织的发展带来致命的问题（Fuller, 2007）。因此，对员工沉默行为的研究具有重要的理论和现实意义。综上可知，员工沉默行为是员工对组织改进的一种言行保留和沉默行为，在组织中比较常见和普遍。一方面，员工出于对领导、组织、氛围、个人成就等多方面压力的考虑，会保留、过滤、修饰自己的本真想法，导致认知偏颇，集体感和归属感低，缺乏自信、勇气和乐观精神，降低工作的积极性，对员工的绩效产生不良影响；另一方面，员工出于对内在和外在因素的考量，虽然保留、过滤、修饰自己对组织改善的本真想法，但在组织信任的氛围下，员工自身的心理资本作用会促使其要求增强自信心和对组织的希望，形成奉献精神，在工作中历练自我和锻造自我，积极主动学习，拓展创造性思维，增强综合适应能力，有效提升业务技能，促进个体绩效和组织绩效水平的持续增长。

本研究以社会交换理论、社会认知理论、新行为主义理论、心理资源理论为基础，探讨员工沉默行为通过心理资本对员工绩效的作用机制。社会交换理论以员工与组织互惠为原则，员工与组织的交换既有物质方面的（如工资待遇等），也有心理方面的（如信任、自信、支持、乐观等）（沈伊默，2007）。同时，对于组织代理人的某些表现，企业员工会有自己的评判标准，观察其表现的信任性和支持性如何，以此确定该不该以组织承诺、绩效进行有效回应（李超平，等，2011）。因此，组织信任和支持以及心理能力在组织策略、员工行为、员工绩效中具有一定的影响。依据以往的研究，员工对于在工作情境中感受到的刺激，会通过自身的心理机制进行解读和判断后产生认知，引导工作态度和工作行为（曾贱吉，2017）。在组织的复杂情境中，员工开始变得沉默，并因为心理的变化，进而影响员工绩效（于桂兰，等，2016），而心理资本的强化可以减少员工沉默行为的发生，加强自身学习意愿和提升业务素质，进而促进员工绩效的增长。同时，揭示员工沉默行为产生后，在心理资本的作用下是如何对员工绩效产生影响的。所以，本研究构建了有沉默行为的员工，在心理资本的作用下对员工绩效产生影响的主效应模型。

同时，Dienesch认为，领导成员关系由情感、忠诚、贡献三个基本维度组成，并且情感和忠诚的直接表现是信任（Dienesch, et al., 1986）。有关研究显示，所在的组织是否具备信任员工的组织文化氛围，对于提升员工工作的积极性，增强自信心，打破员工沉默，为组织的发展和改善建言献策等具有重要的激励作用，和谐而人性化的组织氛围是员工积极参与管理的重要影响因素（时勘，等，2012），同时，权力距离的感知会在某种潜意识里支配员工的沉默行为，影响绩效水平，由此推断，组织信任、权力距离调节着员工沉默行为和员工绩效的关系。具体表现为，在组织对员工具有高度信任的情况下，员工具有更多的归属感，对组织有更多的情感和忠诚，积极参与公司的治理，员工沉默程度得以降低，表现出更多的自信和勇气，以更加积极的姿态投入工作和生活中，提升员工绩效水平；在组织对员工缺乏信任的情况下，员工对组织缺乏信任，无视、漠视组织的存在，有更多的失落感，员工沉默程度提高，缺少勇气和自信，遇事悲观消极，而权力距离感知水平高，会使员工沉默行为保持和延续，降低自我效能感，敷衍消极对待工作，不利于员工绩效的提升。

## 1.2 选题意义

组织中的员工沉默行为越来越引起管理者和学界的重视，员工沉默行为根植于一种无能为力的心理体验，产生此种行为的员工必将通过积极的心理资本才能创造良好的员工绩效。当员工的沉默行为发生后，时间一长就会对个体的心理资本产生不好的作用，使员工对组织缺乏信任，产生消极情绪，投入工作精力减少，在横向上产生反生产行为，致使员工创新能力减弱，工作积极性降低，不仅个体绩效不显著，而且不利于组织整体绩效的提升和组织、员工竞争力的增加。当企业中员工沉默行为产生后，如何节约成本，降低损失，化阻力为动力，消除负面影响，促进绩效水平的提升是亟待解决的问题。同时，需要深入探讨在员工沉默行为与员工绩效之间加入心理资本的中介效应，以及组织信任与权力距离的调节作用机制。因此，本课题既是理论研究的需要，也是企业管理实践中要解决的难题。

### 1.2.1 理论意义

对于员工沉默行为发生后的影响结果，也即该变量的后因作用，学者们关注较少，研究成果不多。对心理资本四个维度在员工沉默与员工绩效之间的中介效应的研究也很少，因而加入组织信任和权力距离的调节作用研究，对负向行为与绩效间的作用关系进行分析，探索增强个人工作效能和提升组织绩效的有效途径。

①探讨员工沉默行为、心理资本、员工绩效之间的作用机制。

②探讨赋予不同程度组织信任的员工沉默行为对心理资本的影响。

③探讨员工的不同程度权力距离感知对员工沉默行为与心理资本之间关系的影响。

### 1.2.2 实践意义

在企业管理实践中，具有积极的心理资本的员工，更善于人际交往和处理事务，善于从沉默行为中走出来，正确对待个人工作和生活，以积极的自信和勇气提升个人绩效，得到组织的回报、认可、信任后，反过来打破沉默，保持对组织的畅通，调动员工建言献策的主动性，提升组织效能。此外，组织信任和权力距离感知的水平影响着员工沉默行为与员工绩效的关系，员工的低组织信任水平和高权力距离感知，造成其言行谨慎保守，缺少自信和勇气，工作倦怠消极、效率低下，影响员工绩效水平。本研究通过对企业组织中普遍存在的员工沉默行为的探讨，寻找改善和缓解沉默行为的有效路径，让职工增强自信，激发内在动力与活力；为其创造良好的工作条件，满足其个人价值实现的需求，提高其工作的积极性和创造力，进而促进绩效提升，对于指导企业组织中的管理实践有重要的现实意义。首先，员工沉默行为通过心理资本对员工绩效产生影响，组织应加强与员工的积极的心理和语言交流，通过有针对性的培训，提升工作能力，增强自我效能感，倡导积极乐观的工作生活态度，树立对自身及组织的信心，增强攻坚克难的勇气，提升工作的积极性和主动性，进而提高员工绩效；其次，组织信任有利于营造良好和谐的组织氛围和环境，激发员工的斗志，使其产生回报意识及参与意识，提升工作主动性，形成向下沟通的组织文化，基于互惠原则，员工更多地参与管理活动，减少组织决策失误的概率，有利于组织的健康稳定发展；最后，降低员工对权力距离的感知，政策制定者可以开通网络匿名建议、意见调查系统，在制度上为打破员工沉默提供保障，加强互动和交流，进行扁平化管理，提升参与管理效率，增加员工绩效。

# 第 2 章 研究现状分析

## 2.1 员工沉默行为研究综述

### 2.1.1 员工沉默行为的含义

Morrison 等认为员工沉默行为是员工对公司的问题避而不讲的某种现象，这种现象可能表现为集群性的，他们认为在一个具有系统沉默文化的组织中，意见不受重视或害怕负面影响而不愿表达自己的真实想法（Morrison, et al., 2000）。Pinder 对这一概念给出的定义是，某些人看到了公司的问题所在，有能力指出来或者能够在问题的解决上作出自己应有的努力，但是，他们没有这样去努力，反而隐瞒个人对组织环境的行为、认知或者情感评价的真实表达（Pinder, et al., 2001）。Knoll 认为员工沉默是指员工不注意工作中的问题，如非法或者不道德的行为，或者违反个人、道德、法律标准的行为（Knoll, et al., 2013）。国内学者郑晓涛等在前人研究的基础上，综合各家核心的、广泛获得认可的说法，认为员工沉默就是员工本可以对当前的工作予以改善或提升，但因各种缘由，不发表意见、少发表意见或有选择性地发表意见，把对企业有利的一些观点或者信息保留甚至过滤掉（郑晓涛，等，2008）。

### 2.1.2 员工沉默行为的维度与测量

#### 2.1.2.1 员工沉默行为的维度划分

Pinder 发展了员工沉默的单一概念，介绍了其在行为、情感和认知方面的表现，将单一概念的员工沉默划分为无作为性沉默与默许性沉默（Pinder, et al., 2001）。Dyne 在 Pinder 等的基础上，进行了构面细分，划分为三个层面：一是默认沉默；二是防御性沉默；三是亲社会沉默。这个构面细分的依据就是企业员工的动机倾向（Dyne, et al., 2003）。

郑晓涛等参照以上对员工沉默行为的划分，通过对 928 名中国企业员工进行问卷调查，基于中国企业文化的特有模式，使用探索性因素分析（EFA）和验证性因子分析（CFA）的方法，探讨 Dyne 的三维度划分并进行中国情景的修正，认为员工沉默行为由三维度组成，一是默许性沉默，表现为员工无力改变现状，只好消极地顺从；二是防御性沉默，体现的是一种自我保护行为，也是为了避免破坏人际和谐而采取的措施；三是漠视性沉默，员工表现出来的无视企业和工作的淡漠行为（郑晓涛，等，2008）。李良智等借鉴了郑晓涛等（2009）构建的中国企业员工的沉默行为量表，增加了对外服务沉默行为维度（10 个题目），加之郑晓涛等的对内服务沉默行为维度（12 个题目），共两个维度的划分，形成了服务沉默行为的构念，共计 22 个题目（李良智，等，2013）。Knoll 根据以往的研究和理论，将其分为 4 种形式，并提出四种形式的量表，对其潜在前因、相关因素和结果变量进行了实证检验（Knoll, et al., 2013）。从目标沉默的要求和员工自觉沉默可取性的决策依据 2 个维度，对员工沉默进行了分类。在借鉴相关文献的基础上，提出员工沉默可以分为 3 种不同的形式：主动预设的员工沉默、主动基于问题的员工沉默和主动请求目标的员工沉默。其认为主动预设的员工沉默是人格特质的结果，主动基于问题的员工沉默是由功能动机引发的，主动请求目标的员工沉默是由社会关系和关系经验决定的（Chou, et al., 2020）。Brinsfield 通过四项研究考察员工沉默的动机，进一步检验以往研究中员工沉默量表构念的效度，结合沉默维度进行实证检验，结果表明量表在心理安全、神经质和外向性方面与预期相符。最后，在员工沉默动机方面提出了员工沉默的 6 个维度。题项有"我不认为说出来有什么好处""我不想被人视为一个爱抱怨的人"等，在 6 种沉默维度中有 5 种与声音有关，这表明沉默动机对直言行为具有预测效度（Brinsfield, 2013）。

本研究采纳郑晓涛等学者的定义，以及与之相对应的三维度划分及量表（郑晓涛，等，2008）（表 2.1）。

表 2.1　员工沉默行为维度划分

| 划分的依据 | 员工沉默维度 | 学者 |
| --- | --- | --- |
| 态度层面 | 默许性沉默、无作为性沉默 | Pinder, et al.（2001） |
| 员工的动机 | 默认沉默、防御性沉默、亲社会沉默 | Dyne, 等（2003） |
| 员工动机 | 默许性沉默、防御性沉默、漠视性沉默 | 郑晓涛, 等（2008） |
| 意识性 | 对内沉默、对外沉默 | 李良智, 等（2013） |
| 类型、情境及重要程度 | 无作为沉默、默许性沉默、亲社会沉默、机会主义沉默 | Knoll, et al.（2013） |

续表

| 划分的依据 | 员工沉默维度 | 学者 |
|---|---|---|
| 目标沉默的要求、沉默可取性的决策依据 | 主动预设的员工沉默、主动基于问题的员工沉默和主动请求目标的员工沉默 | Chou, et al.（2020） |
| 沉默动机 | 无效性沉默、关系性沉默、防御性沉默、缺乏自信性沉默、偏差性沉默、脱离性沉默 | Brinsfield（2013） |

#### 2.1.2.2 员工沉默行为的测量

郑晓涛等在 Dyne 开发的他评量表测量的基础上，利用自评的方法，使用五点量表，测试初始的 22 个题目，最后保留 12 个题目对应 3 个维度，让员工填写半结构化的题目进行自我评价（郑晓涛，等，2008）。

Knoll 运用在线调查的形式，在前人研究的基础上创建了 20 个初始条目用于探索性因子分析，采用李克特 7 点计分法，进行问卷实证分析后整体题项共 12 个，包括"因为害怕负面后果""因为害怕直言不讳会带来不利影响"等，其中无作为沉默、默许性沉默、亲社会沉默、机会主义沉默都各有 3 个题项（Knoll, et al., 2013）。

Brinsfield 对受访者设置开放式问答收集相关数据，依据相关研究结合开放式回答设计了 59 个题项，包括"我认为直言不讳会对我的职业生涯产生负面影响""我没有足够的信心说出来"等，随后进行探索性分析和实证研究，采用李克特 7 点计分法进行评估，1~7 代表从完全没有到很大程度。经过对初期 59 个题项的探索共确定了 29 个题项，依据数据结果确定无效性沉默等 5 个维度，共涉及相应的 29 个题目（Brinsfield, 2013）（表 2.2）。

表 2.2 员工沉默行为测量

| 测量方法 | 测量维度及题项 | 学者 |
|---|---|---|
| 自我评价 | 默许沉默（4 个题项）<br>漠视沉默（4 个题项）<br>防御沉默（4 个题项） | 郑晓涛，等（2008） |
| | 无作为沉默（3 个题项）<br>默许性沉默（3 个题项）<br>亲社会沉默（3 个题项）<br>机会主义沉默（3 个题项） | Knoll, et al.（2013） |

续表

| 测量方法 | 测量维度及题项 | 学者 |
| --- | --- | --- |
| 访谈<br>开放式问答 | 无效性沉默（5个题项）<br>关系性沉默（5个题项）<br>防御性沉默（6个题项）<br>缺乏自信性沉默（5个题项）<br>偏差性沉默（5个题项）<br>脱离性沉默（3个题项） | Brinsfield（2013） |

### 2.1.3　员工沉默行为的前因变量

通过整理文献发现，在员工沉默行为的前因变量方面，学者们大多集中在组织层面、领导层面和个体层面展开理论研究。其中，组织层面包括考核奖惩标准、工具主义伦理氛围、组织气氛等；领导层面包括领导风格、工作自主性、自恋、权力距离倾向等；个体层面包括被边缘化、心理安全感、自恋人格等。

#### 2.1.3.1　组织层面

樊耘等对西北地区企业的员工进行问卷调查，回收有效问卷192份，采用分层回归和结构方程进行数据分析后认为，员工的态度、行为等会受到企业考核奖惩的影响，如果说这种考核奖惩的标准被员工感觉到是公平的、有动力的，那么就会减少沉默行为的发生。由此可知，该组织标准与沉默行为呈负相关（樊耘，等，2018）。

王永跃和叶佳佳对31家企业回收的308份有效问卷进行分析，研究发现组织情景变量（工具主义伦理氛围）的程度越高，员工沉默行为越严重，二者具有正向关联。因此，组织应努力消除工具主义伦理氛围，采用多种方法改善员工之间、员工与组织之间的关系，减少员工讲真话的种种顾虑，构建员工为组织发展积极建言献策的良好氛围（王永跃，等，2015）。

方志斌和李海东对有关电子、房地产等25家行业企业进行调查，测算得到的460份样本显示，科层性气氛、支持性气氛、人际沟通气氛、公平性气氛均显著影响员工沉默行为，而创新性气氛对其影响未达到显著（方志斌，等，2017）。同样，随着人们对员工沉默的研究兴趣日益浓厚，通过两个实验研究的结果显示，组织的整体公正是员工沉默的重要预测因子（Whiteside, et al., 2013）。因此，组织气氛是能够有效预测员工沉默行为的因素。良好的组织氛围对于减少员工沉默行为具有有效作用。努力缓解科层性气氛，不断持续加大支持力度，营造公平、创新创造的良性氛围，积极进行人际沟通，为消除员工沉默行为提供一定的管理启示。

职场欺凌在企业中较为常见，在印度背景下收集了835份不同组织管理员工的数据，结果显示，职场欺凌与员工沉默行为（防御性沉默、关系性沉默和无效性沉默）呈正相关。通过反欺凌政策的制定以及管理水平的有效提升，增强员工对抗欺凌的综合发声能力（Rai, et al., 2018）。

Jahanzeb等通过对巴基斯坦的员工进行研究发现，员工对职场排斥会产生认知回避，基于文化理解，他们认为与他人进行正面对抗是一种鲁莽的行为，故而采取防御性的员工沉默行为。结果表明，职场排斥与防御性的员工沉默行为呈正相关（Jahanzeb, et al., 2018）（表2.3）。

表2.3 员工沉默行为的前因变量组织层面

| | 变量 | 代表性内容 | 学者 |
| --- | --- | --- | --- |
| 组织层面 | 考核奖惩标准 | 负向影响 | 樊耘，等（2018） |
| | 工具主义伦理氛围 | 正向影响 | 王永跃，等（2015） |
| | 组织气氛 | 重要影响因素 | 方志斌，等（2017） |
| | 整体公正 | 组织的整体公正是员工沉默的重要预测因子 | Whiteside, et al.（2013） |
| | 职场欺凌 | 职场欺凌与员工沉默行为（防御性沉默、关系性沉默和无效性沉默）呈正相关 | Rai, et al.（2018） |
| | 职场排斥 | 职场排斥与防御性的员工沉默行为呈正相关 | Jahanzeb, et al.（2018） |

### 2.1.3.2 领导层面

研究表明，变革型领导对员工的沉默行为是有较大影响的（Detert, et al., 2007）。Xu等学者以资源保存理论为基础，通过两个阶段的数据收集分析后表明，辱骂式管理下的员工为了保存剩余资源，避免未来的资源损失而选择被动的沉默行为（A J Xu, et al., 2015），同样，运用资源保存理论，对来自台湾一家大型酒店服务公司的233名全职员工样本经过分析显示，辱骂式管理与员工沉默呈正相关（C-C Wang, et al., 2020），但是，二者的相关强度是不一致且波动的（Yuting, et al., 2020）。在不匹配高组织认同感的情况下，真实型领导风格对于员工沉默行为的作用有可能向反方向发展（Monzani, et al., 2016）。以动机理论和个人环境匹配理论为基础，以中国的324名员工为研究对象，采用回归分析发现，威权型领导与员工沉默行为具有正相关关系（Duan, et al., 2017）。同样，国内学者丁越兰等通过对325份有效问卷进行结构方程分析，经理论假设验证后认为，辱虐管理显著影响着员工沉默（丁越兰，等，2016）。因此，领导风格、领导行为是影响员工沉默行为的重要前因变量。

杜鹏程等学者对12家创新企业的科技人员发放问卷，共收回280份有效调查问卷。通过对假设进行验证后认为，工作自主性对员工沉默行为具有显著负向影响（杜鹏程，等，2014）。因此，领导者可以给予科技工作者更多的工作自主性，以减少沉默而增加其对组织的建言献策行为，促进信息准确、科学有效沟通，同时注重培养角色适应能力，提升企业的创新能力。

王华强等基于领导成员交换理论和进化心理学理论，构建模型后进行两阶段问卷调查，结果表明，管理者自恋对员工沉默行为具有正向影响（王华强，等，2018），同样，Mousa等学者以公立医院的医师为研究对象，对229份问卷分析后显示，自恋型领导对医生的沉默有积极的影响（Mousa, et al., 2020）。在对企业的管理者进行管控的过程中，一手抓选人，一手抓监管，既要把好自恋人格的筛选关，也要做好对自恋倾向管理者的掌控，服从企业大局和整体利益。

毛畅果构建了一个跨层次的模型，我们发现这个模型既有中介也有调节，对来自几十个部门的447份样本资料进行分析后发现，有权力距离倾向的管理者其员工沉默行为较高，二者呈显著正相关（毛畅果，2016）。沉默行为的减少，能够通过管理培训或审视自我进而拉低权力距离感知水平的方式来实现（表2.4）。

表2.4 员工沉默行为前因变量领导层面

| | 变量 | 代表性内容 | 学者 |
| --- | --- | --- | --- |
| 领导层面 | 变革型领导 | 变革型领导对员工的沉默行为是有较大影响的 | Detert, et al. (2007) |
| | 辱骂式管理 | 辱骂式管理下的员工产生被动的沉默行为 | A J Xu, et al. (2015) |
| | 辱骂性管理 | 辱骂式管理与员工沉默行为呈正相关 | C-C Wang, et al. (2020) |
| | 真实型领导 | 真实型领导对员工沉默行为的影响可能会适得其反 | Monzani, et al. (2016) |
| | 威权型领导 | 威权型领导与员工沉默行为呈正相关 | Duan, et al. (2017) |
| | 辱骂管理 | 辱骂管理显著影响员工沉默行为 | 丁越兰，等 (2016) |
| | 工作自主性 | 工作自主性对员工沉默行为具有显著负向影响 | 杜鹏程，等 (2014) |
| | 自恋、自恋型领导 | 管理者自恋对员工沉默行为具有正向影响 | 王华强，等 (2018) Mousa, et al. (2020) |
| | 权力距离倾向 | 领导的权力距离倾向与员工沉默行为呈显著正相关 | 毛畅果 (2016) |

## 2.1.3.3 个体层面

恐惧作为一种强大而普遍的情绪，影响着人们的感知、认知与行为。分析进化心理学、神经科学、社会学以及人类学的相关文献后发现，恐惧也是影响员工沉默行为的重要因素（Kish-Gephart, et al., 2009），也即心理安全水平与员工沉默息息相关。同样，张玮和张茜以问卷调查的方式搜集数据，通过对 115 份有效问卷进行因子分析发现，员工的心理安全感与沉默行为的 3 个维度均呈负相关；并且进行方差分析后认为，人口变量中的部门、学历、收入等对以上结构关系产生影响。应通过制定政策和针对性培训，增强员工的主人翁意识，及时沟通反馈，让员工与企业相互成就、相互信任，员工信赖自己的公司，在公司中有安全感，公司也信任员工，对员工也有安全感。同时，公司应当为员工的发展铺好路，选任合适的人员到合适的岗位，持续培养员工成长成才，在实践中逐步提升员工的心理安全感，减少员工沉默行为（张玮，等，2015）。

Boadi 等以交易压力和应对理论为基础，探讨了顾客参与价值共创（CPVC）对员工沉默和情绪智力的影响。以 528 名来自加纳高档酒店的顾客和下属员工为样本，对提出的假设进行了检验。结构方程建模结果表明，情绪智力对员工沉默具有显著的负向影响（Boadi, et al., 2020）。

当员工感知被边缘化后，对人际关系敏感，组织情感承诺低，自觉无力改变现状，消极保留自己的观点，甚至会产生退缩行为，负向情绪体验上升，表现为较高的防御性沉默、漠视性沉默和默许性沉默。对 13 家企业的 330 名员工进行数据结构方程分析后得出，被边缘化对员工沉默行为的影响是正向而显著的。因此，企业应运用员工援助计划、积极构建平等和谐的企业文化氛围等来激发员工活力和创造力（徐超，等，2016）。

采用自填问卷的方式对 1153 名高技能员工进行了调查，对 732 份数据的运算结论显示，员工沉默的发生会受到权力距离以及集体主义的影响（Dedahanov, et al., 2016）。

在资源保存、情景领导等理论的构架上，结合现有的研究实际状况，创设了初级的理论设想模型。通过对我国西南地区大型电子商务公司发放问卷，采集了上下级之间的 154 份配对样本，对数据进行分析后认为，员工越自恋，员工沉默行为倾向越明显。因此，在团队建设中应考虑特质匹配，以遏制其负面影响（陈璐，等，2018）（表 2.5）。

表 2.5　员工沉默行为前因变量个体层面

| 变量 | | 代表性内容 | 学者 |
| --- | --- | --- | --- |
| 个体层面 | 恐惧 | 恐惧是影响员工沉默行为的重要因素之一 | Kish‐Gephart, et al.（2009） |
| | 心理安全感 | 心理安全感与员工沉默行为呈负相关关系 | 张玮，等（2015） |
| | 情绪智力 | 情绪智力对员工沉默具有显著的负向影响 | Boadi, et al.（2020） |
| | 被边缘化 | 被边缘化对员工沉默行为具有显著正向影响 | 徐超，等（2016） |
| | 权力距离、集体主义 | 权力距离和集体主义会导致员工沉默 | Dedahanov, et al.（2016） |
| | 自恋人格 | 下属的自恋人格对员工沉默行为产生影响，员工越自恋，员工沉默行为倾向越明显 | 陈璐，等（2018） |

### 2.1.4　员工沉默行为的结果变量

员工沉默行为不仅仅涉及员工个体或部门车间，而且关系到整个组织的生存和发展，甚至关系到整个行业的健康发展。因此，非常有必要对员工沉默行为的结果变量进行研究梳理，探索员工沉默行为的影响，便于预见企业管理成效，以帮助企业管理者提前防范或有针对性地及时应对，降低对企业的不良影响，进而促进企业绩效提升。经过文献梳理后发现，员工沉默行为的存在，不仅对个体产生消极的影响，而且对组织产生较多的负面影响。

#### 2.1.4.1　员工沉默行为对个体的影响

我国员工沉默行为广泛存在，某种程度上会对员工的自信心、勇气等产生一定的影响，而组织掌握着更多的资源和优势，对资源拥有分配和倾斜的权力，员工的前途与命运和组织信任息息相关，影响着员工个体的思维方式和生活方式，甚至对整个组织的氛围都产生一定的影响。员工沉默行为会让个体产生缺乏控制感、工作倦怠感，并且形成一定的心理障碍。

**缺乏控制感。** 随着社会的进步和发展，员工在满足生理需求的基础上有更多的控制欲望，追求更多的自我需求和社会认同，本能地希望对周边的环境和资源有更多的掌控，但由于长期的沉默和压抑，久而久之会对环境产生无力感，对周围的环境缺乏控制（张健，2011）。

**工作倦怠。** 组织与员工之间缺乏有效沟通，员工沉默行为会让员工缺乏归属感、成就感和获得感，即使个体自我感知在工作中投入较大精力，但因得不到组织或领导的有效反馈，导致员工积极性受挫，情绪低落，对事物敏感，工作投入程度较少，心理压力增大，身体亚健康状况显现，产生工作疲倦（何轩，2009）。

工作投入。以某公立大学的教职员工为研究对象，旨在探讨员工沉默对工作投入的影响。数据分析显示，员工沉默与工作投入存在显著的负相关关系。管理层可以利用该成果来减少员工沉默，提高工作参与度，从而促进员工积极性、公共部门效率和效益（Pirzada, et al., 2020）。

心理障碍。受组织文化的束缚和制度方面的约束，员工沉默行为产生后会让同事关系及上下级关系变得复杂，员工很难敞开心扉表达想法，在长期的封闭、慎言、猜忌、疑虑等不良状态下，陷入权衡得失中，容易滋生焦虑、紧张、抑郁、失眠等心理疾病，把正常的工作和交流看作一种负担，产生心理障碍（刘巨钦，等，2012）。

#### 2.1.4.2 员工沉默行为对组织的影响

员工沉默行为并非局部性的、阶段性的，而是全局性的、统筹性的，除了对员工个体产生不利影响外，也不利于组织的发展，会降低组织的竞争力，破坏组织的合作创新环境，不利于组织绩效的提升，最终可能影响组织的生存和发展。

降低组织的竞争能力。在组织的运作中，员工具有更为直接和深刻的感受，了解组织的实际状况，出于种种原因出现员工沉默的现象，致使信息不畅通，工作中的问题得不到及时有效的反馈解决，给组织的发展带来隐患，不利于组织竞争力的提升（张健，2011）。

破坏合作创新环境。员工沉默阻碍了合作创新信息的传播，削弱了合作伙伴与员工之间的信任，易产生隔阂，造成人际风险。同时，积极争取合作创新的员工在付出了很大的努力后，反而遭到莫名责难。加之组织在整体上缺少对事件的争论与交流，员工难以表达真实想法，组织难以产生创新点（何丽君，2011）；然而，通过迂回或者回避的方式处理管理冲突是可行的，员工沉默可以在一定程度上避免冲突，维持人际的和谐，促进合作（Tjosvold, et al., 2002）。

影响组织绩效。员工沉默行为在现代社会组织中是比较普遍的行为，公司中各层级员工多有沉默状况发生，如对公司存在的问题有所过滤和隐瞒，对组织安排的工作不关心或者逃避、推脱等，员工不能将自身利益与组织利益结合在一起，不利于团结、健康、和谐、信任的组织氛围的构建，成为组织绩效的绊脚石（杨丰瑞，等，2010）。表面上，组织一团和气，实则员工消极对待工作，与组织及同事貌合神离，致使组织失去应该具备的判断能力、决策能力、经营能力，进而影响组织绩效，对公司的生存和发展构成严重威胁。当然，最终也会影响到每一个沉默员工的前途和命运（表 2.6）。

表 2.6 员工沉默行为结果变量

| | 变量 | 代表性内容 | 学者 |
|---|---|---|---|
| 结果变量 | 个体影响 缺乏控制感 | 自我实现受阻 | 张健（2011） |
| | 工作倦怠 | 身心产生倦怠 | 何轩（2009） |
| | 工作投入 | 与员工沉默行为存在显著的负相关关系 | Pirzada, et al.（2020） |
| | 心理障碍 | 员工沉默行为滋生心理障碍 | 刘巨钦，等（2012） |
| | 组织影响 组织竞争能力 | 员工沉默行为降低组织竞争力 | 张健（2011） |
| | 合作创新环境 | 员工沉默行为破坏合作创新环境 | 何丽君（2011） |
| | 合作 | 员工沉默行为可以避免冲突，促进合作 | Tjosvold, et al.（2002） |
| | 组织绩效 | 员工沉默行为成为组织绩效的绊脚石 | 杨丰瑞，等（2010） |

### 2.1.5 小结

管理学家基于自己的知识结构和学科认知对员工沉默行为从员工个体和组织集体方面进行了定义，并对研究维度进行了划分。员工沉默行为并非单纯的默不作声，一味地沉默不语，而是基于某些因素考虑对组织或者个体存在的问题有选择性地发声，抑或保留、过滤建议。受中西方文化差异影响，在国内外企业中，员工沉默行为的产生来自不同的因素，同时也会产生不同的结果。何轩认为，西方企业员工沉默的来源多为系统层级或者程序制度，员工沉默行为使组织与员工之间缺乏有效沟通（何轩，2009），个体自我积极性受挫，情绪低落，自信心不足，心理压力增大，对事物敏感，易产生工作疲倦。刘巨钦和吕波也认为，在中国的背景下，员工沉默行为产生的原因涉及很多的"关系"层面，更多考虑的不是组织的利益得失，而是领导与成员关系、同事关系、个人得失，最后才是企业集体利益（刘巨钦，等，2012）。员工沉默行为产生后，又会让同事关系及上下级关系变得更为复杂，若员工感知到领导不合理的隐藏行为，将会抑制下属的建言行为（C Chen, 2020），让员工很难敞开心扉自由表达真实想法。在长期的封闭、慎言、猜忌、疑虑等不良状态下，在权衡纠结得失中，员工很容易滋生焦虑、紧张、抑郁、失眠等不良心理问题，把正常的工作和交流看作一种负担，产生心理障碍，对绩效产生负面影响。因此，我们应该重视员工沉默行为的来源和走向，重视我国背景下的"关系"研究，重视关系层面的心理研究。

本研究采用（郑晓涛，等，2008）对员工沉默行为的定义，认为员工沉默就是员工本可以对当前的工作予以改善或提升，但因各种缘由，不发表意见、少发表意见或有选择性地发表意见，把对企业有利的一些观点或者信息保留甚至过滤掉。郑晓涛等参照 Pinder 和 Harlos 以及 Dyne 对员工沉默行为的划分，通过对中国企业员工进行问卷调查，基于我国企业文化的特有模式，使用 EFA 和 CFA 的方法，对 Dyne 的三维度划分进行探讨及我国情景的修正，得出员工沉默行为的三维度结构。

本研究建构了员工沉默行为与员工绩效之间的作用机制模型，以心理资本为中介变量，将组织信任和权力距离的调节作用纳入其中统筹考虑，试着探索 5 个变量之间的内在逻辑关系和影响机制，进而丰富相关理论研究，以期为企业的管理实践提供借鉴。

## 2.2　心理资本研究综述

### 2.2.1　心理资本的含义

Goldsmith 认为心理资本（Psychological Capital）是影响生产效率的一些个性特征，是个体对信念、工作、认知、态度的综合。依据学者对心理资本的研究，可以将心理资本的含义分为三种类属：特质论、状态论、复合论。

第一种类属把心理资本看成个体非单一的特质，这种特质是内在的，但也有其相对固定状态与恒久性，即特质论。研究指出，包括情绪特征、自我约束、个性能力、认知行为等（Hosen, et al., 2003）。

第二种类属是把其看作心理状态，并且这种状态是积极的、向上的、乐观的，即状态论。随着积极心理运动的不断发展，提出了积极的组织行为（POB），认为信心、希望、韧性符合 POB 的纳入标准，以此推动了组织行为学的一些思考和研究（Luthans, 2002）。在区别人力资本管理、社会资本管理的基础上，提出心理资本作为人力资源优势和心理能力可以提升工作绩效，认为其可以分为 4 个维度：一是自我效能（信心）；二是希望；三是韧性；四是乐观（Luthans, et al., 2004）。

第三种类属是把其看作个体特质与心理状态的综合体，即复合论。认为其由认知、行为、情绪、信念、态度等复合组成。它包括个性质量、认知行为等特质，心理资本应把握其状态类的显在性维度和特质类的潜在性维度，强调心理状态和心理特质的统一性和复合性结构特征（魏荣，等，2008）（表 2.7）。

表 2.7　心理资本的含义

| 角度 | 代表性内容 | 学者 |
| --- | --- | --- |
| 特质论 | 心理资本包括情绪特征、自我约束、个性能力、认知行为等 | Hosen, et al.（2003） |
| 状态论 | 心理资本作为人力资源优势和心理能力可以提升工作绩效 | Luthans, et al.（2004） |
| 复合论 | 心理资本应把握其状态类的显在性维度和特质类的潜在性维度，强调心理状态和心理特质的统一性和复合性结构特征 | 魏荣，等（2008） |

## 2.2.2　心理资本的维度与测量

### 2.2.2.1　心理资本的维度划分

一个人的心理资本可能决定了他的工作动机和他对工作的总体态度。心理资本由自尊和控制点 2 个维度构成，控制点（内控：自己的原因，遇到困难主动解决问题；外控：外部原因，遇到困难逃避或相信命运被动接受）只能通过自尊来间接影响生产效率。Goldsmith 等发现自尊是衡量心理资本的广泛指标，对心理资本产生影响，进而促进实际工资的提升和生活水平的改善（Goldsmith, et al., 1997）。

研究者柯江林等对东西方文化进行深入比较后，结合中国文化下企业的实际状态，在心理资本的量表方面参考西方的研究成果，进行本土化探索，得到符合中国企业员工情景的量表。同时，对其进行了两个维度划分：一个维度是与西方类似的事务型心理资本；另一个维度是符合中国现有实际的人际型心理资本。每个维度下又都对应着 4 个小的层面（柯江林，等，2009）。通过综合前人研究的状态论和特质论两种类属，在研究对象上经过仔细的分析与思考，选择了科技创新企业作为此次研究的目标企业，随之对其中的团队进行跟踪调查，研究表明，依据状态类和特质类的心理资本可以划分为显性心理资本和潜在心理资本 2 个维度，同样，每个维度下也都对应着 4 个小的层面和方向（魏荣，等，2008）。随后国内研究者对心理资本展开深入持续研究，张红芳等把其提升到另外一个高度，是可与人力、社会等协调作用的资本形式，同时，将心理资本划分为个体心理资本和群体心理资本 2 个维度，认为心理资本水平是可以被调动、提升和开发的，并给出了一系列的针对性举措（张红芳，等，2009）。Luthans 最先从心理资本的3个维度开展研究,提出了积极的组织行为(POB),认为信心、希望、韧性符合POB的纳入标准,构建了心理资本的3个维度,即信心、希望和韧性,以此推动了对组织行为学的一些思考和研究(Luthans,2002)。紧接着又进行了更进一步的实证研究,对收集来的数据经检验后显示,个体感知、组织倾向对心理资本是有影响作用的,并且发现这种作用是比较显著的,在此基础上,得出了心理资本的三维度划分结构形式:自我效能、坚韧、乐观(Larson,et al.,2006)。Du Plessis将心理资本精心提炼后认为其由自信、韧性、乐观3个维度构成(Du Plessis, Barkhuizen, 2012)。同时,Luthans等学者经过不断艰辛的探索,终于有了关于心理资本的较为经典的理论认知,得出了其四维结构。在此研究基础上,惠青山立足于国内员工的调查,在针对我国企业员工的研究中,使用EFA和CFA的方法研究中国的特有企业模式,经过实证分析,与Luthans一样也对心理资本进行了四维度区分,既有相同的维度内容,也有细微的维度内容差别。同时,在结构形式上既有共同点,也有不同点(惠青山,2009)。

早在2003年,自我效能、希望、韧性、乐观构成的四维度结构概念就曾由Jensen提出过,但是直到2007年,Luthans等在前人研究的基础上得到的四维度结构才在学术界引起共鸣,得到广泛认可。当然,我们在此次研究中也是采用该四维度量表,并且这种四维度结构的心理资本量表是Luthans等经过大量的实证分析研究构建的(Luthans, et al., 2007)。心理资本的四维模型得到了很多学者的验证,认为指标可以测量、管理和开发,对个体的绩效产生积极的影响(表2.8)。

表2.8 心理资本的维度划分

| 结构 | 心理资本维度 | 学者 |
| --- | --- | --- |
| 二维结构 | 自尊、控制点(内控、外控) | Goldsmith, et al. (1997) |
|  | 事务型心理资本、人际型心理资本 | 柯江林,等(2009) |
|  | 显性心理资本、潜在心理资本 | 魏荣,等(2008) |
|  | 个体心理资本、群体心理资本 | 张红芳,等(2009) |
| 三维结构 | 信心、希望、韧性 | Luthans (2002) |
|  | 自我效能、乐观、坚韧 | Larson, et al. (2006) |
|  | 自信、乐观、韧性 | Du Plessis, et al. (2012) |
| 四维结构 | 自我效能(自信)、希望、乐观、韧性 | Luthans, et al. (2007) |
|  | 自信、希望、乐观、冷静 | 惠青山(2009) |

## 2.2.2.2 心理资本的测量

应该说，心理与组织行为的联系相当紧密，Luthans 就抓住了两者的切入点，不断地进行深入思考和探索研究，得出了一个概念：积极的组织行为（POB）。认为自信、希望、韧性、乐观符合 POB 的纳入标准，组建了一个由 4 个维度构成的心理资本构念。采用李克特 6 点测量工具，测量后发现心理资本量表整体 24 个题项的 Cronbach's Alpha 系数为 0.95，其中，自信、希望、韧性、乐观为其维度形式，这 4 个维度的 Cronbach's Alpha 系数分别是 0.87、0.84、0.87 和 0.80，总共列有 24 个题项，每一个维度都由 6 个题项组成（Luthans, et al., 2007）。

对直接领导与员工发放问卷，按照 Luthans 等的划分结构及相应的量表进行研究，分为希望、乐观、坚韧性。其中，希望维度由 6 个题项组成，运用李克特 8 点测量工具；乐观维度有 10 个题项，均采用李克特 5 点测量工具；坚韧性维度有 14 个题项，使用李克特 4 点测量工具。一共发放 200 份问卷，实际上得到了 198 份有效的样本问卷数据。经过实证研究表明，心理资本（希望、乐观、坚韧性）对工作绩效等影响积极（仲理峰，2007）。

柯江林等根据 98 个陈述句编写量表，如"我喜欢给自己不断设定更高的目标""我相信自己能够胜任本职工作"等，采用李克特 6 点测量工具，得到 160 份有效样本数据，进行分析整理，经过 EFA，得出符合本土化的事务型心理资本及人际型心理资本二维结构模型，每个维度又对应着 4 个小的层面。其充分考虑中西方文化差异对心理资本的影响，对本土员工的有效管理具有重要的实践意义（柯江林，等，2009）。

惠青山经过进一步研究，在中国背景下采用 EFA 和 CFA，得到 4 个维度。每个维度由 4 个题项构成，共 16 个题项。正视中西方文化差异，加以引用、借鉴、创新，填补国内该研究方向上的空白（惠青山，2009）（表 2.9）。

表 2.9 心理资本的测量

| 测量方法 | 测量维度及题项 | 学者 |
| --- | --- | --- |
| 自评 | 自信（4 个题项）<br>希望（4 个题项）<br>韧性（4 个题项）<br>乐观（4 个题项） | Luthans, et al. (2007) |
| 自评与他评结合 | 希望（6 个题项）<br>乐观（10 个题项）<br>坚韧性（14 个题项） | 仲理峰（2007） |

续表

| 测量方法 | 测量维度及题项 | 学者 |
|---|---|---|
| 自我评价 | 事务型心理资本与人际型心理资本（共98个题项） | 柯江林，等（2009） |
| 自评 | 自信（4个题项）<br>希望（4个题项）<br>乐观（4个题项）<br>冷静（4个题项） | 惠青山（2009） |

### 2.2.3 心理资本的前因变量

心理资本的概念在1997年由Goldsmith首次提出，历经多个学科的发展，得到了国内外学者的关注。心理资本对组织的价值是不言而喻的，对心理资本前因变量的探索不充分且研究成果较少（焦念涛，等，2019），在已有研究中，经过文献梳理后认为，领导成员交换关系的交互因素是员工心理资本的重要前因变量，对心理资本具有预测作用（朱瑜，等，2013）。综合比较而言，领导因素、组织因素、个体因素对心理资本的影响更为显著。

#### 2.2.3.1 领导因素

领导力与心理资本之间的关系成为一段时期的研究热点，研究数据显示，变革型、交易型领导均对心理资本有显著的正向作用，其中变革型领导更能提升员工工作和生活的积极性（王瑾，等，2013）。领导的行为方式（开放、有效、易接近）影响员工的心理，激发员工的希望、信心、冒险精神（Edmondson，1996），领导的认可使员工心理愉悦（Nembhard, et al., 2006）。员工参与意识增强，保持积极而愉悦的心理状态，对心理资本的增强有积极的促进效应（高建丽，孙明贵，2015）。领导魅力对心理资本（事务型、人际型）是有积极的影响的，而领导的个性化关怀负向作用于心理资本（事务型）的其中一个维度（柯江林，孙健敏，2018）。领导的心理状态也会影响员工的感知（Weiss, et al., 1996），当员工感知到领导积极的心理状态后，有利于增加员工的心理资本储备（Walumbwa, et al., 2011），促进组织高效运作，产生良好的员工绩效行为（Yammarino, et al., 2008）。此外，精神可以产生动力，精神信念往往能带来支撑力量和正能量，一个精神型管理者以其坚定的精神信念可引领、提振员工的士气，易于激发员工的希望、愿景、使命、信心等，鼓舞工作斗志，让员工以更加积极的姿态投入自身工作中，累加个体的心理资本能量（邓志华，2016）。具有伦理型领导特质的人，要求员工不仅是一个遵守伦理规则的人，更要以乐观自信的态度对待事物（Walumbwa, et al., 2010），伦理型领导跨层次对员工的心理资本产生正向影响（高伟明，等，2017）（表2.10）。

表 2.10　心理资本前因变量领导因素

| | 变量 | 代表性内容 | 学者 |
|---|---|---|---|
| 领导因素 | 领导力 | 变革型领导和交易型领导均对心理资本的4个维度具有显著正向影响 | 王瑾，等（2013） |
| | 心理状态 | 领导的积极心理状态有利于增加员工的心理资本储备 | Walumbwa, et al.（2011） |
| | 领导的行为方式（开放、有效、易接近） | 领导的行为方式（开放、有效、易接近）影响员工的心理，激发员工的希望、信心、冒险精神，使员工心理愉悦，增强员工参与意识，保持积极而愉悦的心理状态，对于心理资本的增强有积极的促进效应 | Edmondson（1996）<br>Nembhard, et al.（2006）<br>高建丽，等（2015） |
| | 领导魅力、领导的个性化关怀 | 前者有正向影响，后者对其中一个维度产生负向影响 | 柯江林，等（2018） |
| | 精神型领导（精神信念） | 精神型的管理者正向影响员工个体的心理资本 | 邓志华（2016） |
| | 伦理型领导 | 伦理型领导跨层次对员工的心理资本产生正向影响 | 高伟明，等（2017） |

#### 2.2.3.2　组织因素

Luthans 与 Avolio（2003）、Avolio（2005）等学者们的持续研究表明，组织支持和信任直接或者间接地对心理资本的提升产生积极影响，获得较多的信任和支持的员工，能够在工作、学习、生活中产生更多的自信心，无论是对自主的发展还是组织的运行都会充满希望和期待，这种期待与希望又产生更多的组织信任感，使人—群体契合度（P-G 契合度）和人—主管契合度（P-S 契合度）提高，进而影响员工的心理资本（Safavi, et al., 2020），而个体—组织文化契合有利于心理资本能量的增长（高建丽，等，2015）。由此可知，组织支持和组织信任是心理资本改善和提升的重要影响因素和方式。同时，组织的支持、氛围、制度、文化等对心理资本也具有强烈的促进效用（唐辉，等，2013）。在我国传统文化中，组织营造人性化、非功利的积极文化氛围对于增强心理资本意义重大（周评，等，2013）。同样，良好的安全环境为工作的顺利开展提供有力的外部支撑，组织安全氛围对心理资本的强大有积极作用，而氛围的创设需要各方的合作、配合与支持（叶新凤，等，2014）。无论是来自组织内在的还是组织外在的支持，对于企业的发展都是至关重要的。惠青山对1754份有效问卷分析后认为，对于员工个体而言，组织支持与心理资本的关系是非常密切的，二者存在正相关性（惠青山，2009）。田喜洲等学者也认为，组织支持感和心理资本也存在正相关性（田喜洲，等，2010）。支持型人力资源管理系统与员工心理资本水平显著正相关（徐骁，2013）。通过对322份有效问卷分析后认为，高绩效工作系统的各个维度与心理资本都存在正向关系，二者正向影响是强烈的（周菲，等，2012）。Luthans等提出，工作环境如果具有较好的资源性，有利于启动员工的心理资本。在此基础上，江红艳等学者研究认为，内外工作资源的支持有利于增强员工的自我效能和归属感，促进工作目标的达成，增强员工的心理资本（江红艳，等，2012），支持了Luthans等学者的观点。同时，赵简等也认为，工作资源对于工作的顺利开展以及员工心理能量的提升都是比较重要的，要重视丰富的工作资源对心理资本的积极影响，同时，此资源也有利于提高员工工作效率及满意度（赵简，等，2013），且组织规模和地点在一定程度上对心理资本有预测性（张墨，2009）（表2.11）。

表2.11 心理资本前因变量组织因素

| | 变量 | 代表性内容 | 学者 |
| --- | --- | --- | --- |
| 组织因素 | P-G契合度、P-S契合度 | 影响员工的心理资本 | Safavi，Bouzari（2020） |
| | 个体—组织文化契合 | 具有有效的提升作用 | 高建丽，张同全（2015） |
| | 组织支持、组织文化、组织氛围、组织制度 | 促进效用 | 唐辉，等（2013） |
| | 文化氛围 | 积极的文化氛围对于增强心理资本意义重大 | 周评，姜秀珍（2013） |
| | 安全氛围 | 促进作用 | 叶新凤，等（2014） |
| | 组织支持 | 正相关 | 惠青山（2009） |
| | 组织支持感 | 正相关 | 田喜洲，谢晋宇（2010） |
| | 支持型人力资源管理系统 | 显著正相关 | 徐骁（2013） |

续表

|  | 变量 | 代表性内容 | 学者 |
|---|---|---|---|
| 组织因素 | 高绩效工作系统 | 强正向关系 | 周菲，张传庆（2012） |
|  | 工作资源 | 增强作用 | 江红艳，等（2012） |
|  | 丰富的工作资源 | 丰富的工作资源能够提升员工的心理资本水平 | 赵简，等（2013） |
|  | 组织规模和地点 | 组织规模和地点一定程度上对心理资本有预测性 | 张墨（2009） |

### 2.2.3.3 个体因素

自我统一性获得是个体因素中健康人格的特质，它会给个体带来自信、希望、积极乐观、开放进取等良好状态，进而对个体的心理资本起到很好的促进作用，可以有效地对心理资本进行前瞻性预测（吴静，2012）。自我强化是个体从正面暗示、激励自己的动机及行为。个体的自我强化可以增强个体耐性、自信心、恢复力、复原性及自我调适能力，对心理资本产生影响（李力，2013）。自我感知到的组织对成员身份的包含感和组织内成员的主人翁感均为内部人身份认知，这种认知会积极促进心理资本的增加（丁道韧，等，2017）。控制点是指个体认为自己能够控制和影响事情的能力，对员工的心理资本具有积极的影响作用，这种影响作用存在一定的个体特质差异性，主要体现在内控点的员工比外控点的员工更为强烈（惠青山，2009）。当员工对事件的掌控能力弱时，在工作中持续面对周边环境、人和事时，个体感知工作压力加大，心理能量可能会得到某种程度的消耗，进而对心理资本造成负面影响，不利于其增长（张阔，等，2014）。周评等学者的研究结果表明，年龄反映出不同阅历，学历代表着知识积累，进而影响个体看待问题和处理问题的心理，在国有企业中，其管理者的心理资本在某种程度上会受到年龄以及学历的作用（周评，等，2013）。然而，在对心理资本的影响程度方面，年龄的作用比较强烈，特别是50岁以上的员工更为明显。但是，受教育程度的作用并不显著（郝明亮，2010）。同时，员工的心理资本会受到性别、职级高低的作用，而且这种作用是显著的（张墨，2009）（表2.12）。

表 2.12　心理资本前因变量个体因素

| | 变量 | 代表性内容 | 学者 |
|---|---|---|---|
| 个体因素 | 自我统一性 | 自我统一性可以有效地对心理资本进行前瞻性预测 | 吴静（2012） |
| | 自我强化 | 产生影响 | 李力（2013） |
| | 内部人身份认知 | 积极正向的促进作用 | 丁道韧，等（2017） |
| | 控制点 | 正向作用 | 惠青山（2009） |
| | 工作压力 | 个体感知工作压力加大，心理能量消耗，降低心理资本水平 | 张阔，等（2014） |
| | 年龄、学历 | 年龄和学历因素对国有企业管理者的心理资本产生影响 | 周评，等（2013） |
| | 年龄 | 显著影响 | 郝明亮（2010） |
| | 性别、职级 | 员工的性别和职级差异对心理资本水平造成显著影响 | 张墨（2009） |

### 2.2.4　心理资本的结果变量

经过研究，心理资本与工资、满意度、绩效、工作态度、组织承诺等具有一定的相关性。在企业的具体管理中，心理资本对绩效的积极作用越来越被认可，其重要性也逐步被人们接纳和认知，将其与人力资本、社会资本、货币资本进行类比研究。

心理资本的作用逐渐被认知。心理资本对个体的工资及生产率具有显著的正向影响（Goldsmith, et al., 1997）。Avey 与 Luthans 通过研究发现，员工的职业幸福感在较大程度上会受到心理资本的强影响（J B Avey, et al., 2010）。经过进一步拓展层次后，通过文献梳理，基于社会支持等理论框架，试着建立初步的研究模型，检验后显示心理资本显著负向影响着职业倦怠的 3 个维度（蔡笑伦，2019）。李晓艳等将心理资本纳入 JD-R 模型（工作要求—资源模型），从心理学的角度探讨工作倦怠的问题，对华中某通讯公司 10086 的客服代表发放问卷后，收回有效问卷 800 份，经过分析后表明，某种隐性的能量蕴含在心理资本中，这种力量又会削弱工作倦怠的负向性（李晓艳，周二华，2013）。因此，加强对心理资本的正向干预，或许可以在一定程度上减弱或者消除员工的工作倦怠，所以，积极提升心理资本的水平对于消除和缓解工作倦怠等负面工作情绪是非常必要的。Avey 等研究认为，心理授权会受到心理资本的影响，同时，离职意愿也会受到心理资本的作用（J B Avey, et al., 2008）。惠青山在 Avey 等研究的基础上，基于中国背景认为，心理资本与离职意愿呈负相关，与组织承诺、人际和谐、组织公平以及工作满意度呈正相关，并且以上的相关关系都具备显著性（惠青山，2009）。王芳和张辉对结构方程模型分析后表明，工作态度（如工作满意度、情感承诺）也会受到心理资本的显著正向影响（王芳，张辉，2017）。任亮宝等以高校教师为研究对象，认为心理资本对幸福感具有正向影响（任亮宝，李吉祥，2014）。幸福感是一种健康的心态，在控制人口学变量的情况下，我们发现心理资本对心理健康的作用是积极的（方必基，2012），且具有显著的预测作用（Younas, et al., 2020）。心理健康作为非智力因素，对员工绩效的提升和职业的发展是至关重要的，以大学生为调查群体开展研究，经过调查后发现，心理资本能够助推其职业成功的实现（权方英，2017）。心理资本的作用也体现在企业的创新发展方面，能够提升现有企业的创新绩效水平（Sweetman, et al., 2011），对新建企业的创新方面也起到助力作用（Peterson, et al., 2015），对创新工作行为有正向和显著的影响（Supriyadi, et al., 2020）。仲理峰对4家国有企业的领导和下属收回496份有效问卷，研究显示，工作绩效、组织公民行为、组织承诺会受到心理资本的正向影响（仲理峰，2007）。李力等学者以8所大学的718名高校教师为研究对象，通过实证分析后发现，增强心理资本水平有利于工作绩效的提升（李力，等，2016）。Luthans 等学者通过心理资本干预实验认为，对心理资本的短期干预有助于绩效水平的提升（Luthans, et al., 2010）。同样，在对结果变量工作绩效持续研究的基础上，对服务业员工展开调查，调研的方法是纵断性的，研究数据显示，敬业度受到心理资本的积极影响，并且工作绩效也受到心理资本的积极影响（温碧燕，等，2017）。学者杜娟与赵曙明的研究认为，个人绩效会受到心理资本四维度的积极影响，且该作用是明显而强烈的（杜娟，等，2012）。传统的培训开发一味地注重知识和技能等的提高，仅仅带来绩效的短期效益，相较于知识和技能等对绩效的影响，心理资本对绩效的提升起到长远和稳定的关键作用（王碧英，等，2010）。

因此，积极开展心理资本的培训、开发，在企业的管理实践中注重心理资本的有效干预显得尤为重要，也是探索企业人力资源新的方案的有效途径，对于增强企业国内外市场竞争力大有益处（表2.13）。

表2.13 心理资本的结果变量

| 变量 | 代表性内容 | 学者 |
| --- | --- | --- |
| 工资、生产率 | 心理资本对个体的工资及生产率具有显著的正向影响 | Goldsmith, et al. (1997) |

续表

| 变量 | 代表性内容 | 学者 |
| --- | --- | --- |
| 职业倦怠 | 心理资本对职业倦怠的3个维度具有显著的负向影响 | 蔡笑伦（2019） |
| 工作倦怠 | 心理资本对工作倦怠有正向作用 | 李晓艳，等（2013） |
| 心理授权、离职意愿 | 心理资本与员工的心理授权和离职意愿具有显著的相关性 | J B Avey, et al.（2008） |
| 离职意愿、工作满意度、组织承诺、人际和谐、组织公平 | 与离职意愿显著负相关，与其他变量都是显著正相关 | 惠青山（2009） |
| 工作态度（工作满意度、情感承诺） | 心理资本对工作态度（工作满意度、情感承诺）起到显著的正向作用 | 王芳，等（2017） |
| 幸福感 | 心理资本对幸福感具有正向影响 | 任亮宝，等（2014） |
| 心理健康 | 心理资本对心理健康具有显著的预测性 | 方必基（2012）Younas, et al.（2020） |
| 职业成功 | 正向预测 | 权方英（2017） |
| 创新绩效 | 心理资本对创新绩效具有显著的正向影响 | Sweetman, et al.（2011）；Peterson, et al.（2015） |
| 创新工作行为 | 正向显著影响 | Supriyadi, et al.（2020） |
| 工作绩效、组织承诺、组织公民行为 | 正向作用 | 仲理峰（2007） |
| 绩效 | 心理资本的短期干预有助于绩效水平的提升 | Luthans, et al.（2010） |
| 工作绩效 | 心理资本对工作绩效具有显著的影响 | 李力，等（2016） |
| 敬业度、工作绩效 | 显著正相关 | 温碧燕，等（2017） |
| 个人绩效、绩效 | 心理资本对个人绩效、绩效起到显著的正向作用 | 杜娟，等（2012） |

## 2.2.5 心理资本的中介作用

在资源保存和社会交换理论的基础上，设计了三个变量间的研究分析模型，结构方程数据分析后表明，心理资本在工作压力与员工建言行为之间起到中介作用（宋源，2018）。花慧等以大学生为研究对象，经研究分析发现，心理压力会通过心理资本的中介作用对学业绩效产生影响。同时，心理资本在心理压力和学业绩效之间的完全中介效应得到验证（花慧，等，2016）。对493份有效问卷进行回归分析后表明，在工作友情和建言行为之间，心理资本起到部分中介作用（王立，2011）。同样，研究显示，心理资本和建言行为之间的关联性较高（宋源，2018）。当员工拥有较高的自信水平时，员工个体的内心对周遭的事物充满信心与希望，积极而乐观地面对现在和未来。加之韧性程度也比较高时，员工就具有较强的建言行为，积极为企业的发展尽心献策，相反，若以上的四个方面的水平较低时，员工的建言积极性低，易产生沉默行为，而这种沉默行为又会影响员工的心理状态。由此推断，沉默行为与心理资本密切相关。采用李克特10点量表，对六家从事制造业和服务业的企业员工进行问卷发放，收回721份有效问卷，研究结果表明，组织支持感与员工工作行为的三个构面之间的关系为心理资本所完全中介或部分中介（田喜洲，等，2010）。所以，重视对组织重要资源心理资本的投资与开发，重视正向的情感支持与强化，对于现有管理模式的改善、增强员工满意度、树立员工自信、提升员工及组织绩效水平具有很强的现实意义。以中小学教师为研究调查问卷发放的对象，分析了351份有效的问卷后表明，心理资本完全中介了组织支持感和职业倦怠之间的关系（徐智华，等，2017）。唐辉等通过文献梳理发现，心理资本中介了组织支持和知识转移的关系（唐辉，等，2013）。高建丽和张同全依据社会交换理论构建模型，在数据分析后显示，心理资本中介了个体—组织文化契合和敬业度的关系（高建丽，等，2015）。李霞和张伶经过实证研究发现，心理资本完全中介了组织文化和员工绩效的关系（李霞，等，2011）。另外，研究分析结果报告，心理资本的中介作用在变革型领导行为和员工绩效之间发挥着效果（李磊，等，2012）。

同样，Luthans等认为，心理资本中介着组织支持氛围和员工绩效（Luthans, et al., 2008）。而叶新凤等对收集到的数据进行仔细分析以后，在报告中讲到心理资本中介了组织氛围和员工行为（叶新凤，等，2014）。王雁飞等经过耐心探索后，报告称在跨层次的研究中，下属的心理资本中介了领导的心理资本和员工建言行为的关系（王雁飞，等，2019）。然而，通过文献的阅读发现，鲜有学者将心理资本作为中介变量在员工沉默行为和员工绩效之间加以探讨。所以，应着重从员工个体视角探讨"行为—心理—产出"的作用机理，也即"员工沉默行为（行为）—心理资本（心理）—员工绩效（产出）"，深入探讨心理资本在其中的作用原理（表 2.14）。

表 2.14 心理资本的中介作用

| | 代表性内容 | 学者 |
| --- | --- | --- |
| 中介作用 | 工作压力与员工建言行为之间的心理资本与建言行为显著相关 | 宋源（2018） |
| | 在心理压力和学业绩效之间完全中介 | 花慧，等（2016） |
| | 在工作友情和建言行为之间部分中介 | 王立（2011） |
| | 部分或完全中介了组织支持感与员工工作行为 | 田喜洲，谢晋宇（2010） |
| | 完全中介组织支持感和职业倦怠 | 徐智华，等（2017） |
| | 中介着组织支持与知识转移 | 唐辉，等（2013） |
| | 中介了个体—组织文化契合与敬业度 | 高建丽，张同全（2015） |
| | 完全中介了组织文化和员工绩效的关系 | 李霞，等（2011） |
| | 中介了组织支持氛围和员工绩效 | Luthans, Norman, et al.（2008） |
| | 中介了变革型领导行为和员工绩效 | 李磊，等（2012） |
| | 中介着组织氛围和员工行为 | 叶新凤，等（2014） |
| | 下属的心理资本在跨层次的领导的心理资本与员工建言行为之间起到显著的中介作用 | 王雁飞，等（2019） |

## 2.2.6 小结

心理资本的概念由 Goldsmith 等于 1997 年首次提出，历经多个学科的发展，得到国内外学者的关注。对于这一重要概念的探讨及其研究，学者们主要集中于三个类属上面，也即特质论、状态论和复合论。其中，状态论认定信心、希望、韧性符合积极组织行为学（POB）的纳入标准，以此推动组织行为学的一些思考和研究（Fred Luthans，2002）。在区别人力资本管理、社会资本管理的基础上，把心理资本看作提高绩效水平的重要心理能量，同时，这一心理能力在人力资源管理的实践当中的优势也越来越凸显。

Luthans 等在前人研究的基础上，进行了四维度的心理资本划分（F. Luthans, et al.，2007），该四维度构面在学界认可度较为广泛，且心理资本问卷具有较高的信度和效度。对已有的研究中文献梳理后认为，领导成员交换关系的交互因素是员工心理资本的重要前因变量（朱瑜，等，2013），但综合而言，领导、组织、个体等因素则对心理资本产生深刻的作用。而心理资本又会对满意度、薪酬待遇、绩效、工作态度、组织承诺等具有一定的相关性。随着经济的快速发展和职业竞争的加剧，长期的沉默行为致使员工产生压抑、压力大、积极的心理能力低等各种复杂的心理问题（郑立勇，等，2019）。然而，作为影响工作产出的重要因素，心理资本的正向能量和带动能力是值得期待的（焦念涛，等，2019），而心理能量强大的绝大多数员工也把追求高的绩效当作一种应有的必然（段锦云，田晓明，2011）。为了有效地提升组织效益，尤其是在员工沉默现象比较普遍的组织体制内，增强心理资本的能量似乎成了企业界增加绩效水平，又能最大化节约成本的有效方案。

本研究着重从员工个体视角探讨"行为—心理—产出"的内在逻辑关系，也即深入探讨心理资本在员工沉默行为（行为）与员工绩效（产出）之间的作用原理。

## 2.3　员工绩效研究综述

### 2.3.1　员工绩效的含义

本研究对特定行为如何通过个体心理（心理资本），对员工绩效产生何种影响进行具体探讨，所以，把员工的绩效作为因变量来对待。员工绩效是促进组织长远、稳定、健康发展的关键因素，对于员工绩效的研究是管理学领域研究的重要议题。国内外研究文献对员工绩效的研究，大致可归纳为三个类别。

一是结果论。学者们认为员工绩效可以用产出、生产率等经济数据进行测量和量化。员工绩效为特定时间内的效率或成果产出（李宝元，2002）。

二是行为论。学者们认为员工绩效不应该只关注结果，员工工作的过程中会受到各种外在因素的影响，投入时间和精力解决与工作本身相关的方方面面的问题的行为过程也是绩效的重要组成部分。构成员工绩效的三个行为包括任务、公民意识和反生产表现（Rotundo, et al., 2002）。做了权重对比，分析了前因、后果，即个性特征对以上行为的预测及行为对组织目标实现的影响。

三是综合论。既关注产出也关注行为过程。工作绩效所受到的作用是多元的、多维度的，因认知能力的个体差异和人格的个体差异是不同的（Motowildo, et al., 1997）。

综上所述，对于员工绩效的界定，国内外学者并未形成统一的认识，目前比较普遍的观点是综合论，员工绩效是由结果和行为综合而成的（Paul, et al., 2004），也即结果论和行为论结合为一体的观点（表2.15）。

表 2.15 员工绩效的含义

| 类别 | 内容 | 学者 |
| --- | --- | --- |
| 结果论 | 员工绩效为特定时间内的效率或成果产出 | 李宝元（2002） |
| 行为论 | 构成员工绩效的三个行为，包括任务、公民意识和反生产表现 | Rotundo, et al.（2002） |
| 综合论 | 人格和认知能力的个体差异对工作绩效的影响是多维度的 | Motowildo, et al.（1997） |

### 2.3.2 员工绩效的维度与测量

#### 2.3.2.1 员工绩效的维度划分

个体和组织的多元性，使员工绩效的维度划分也突破单一维度形式而变得越来越丰富。随着原有绩效结构的发展，出现了二维度结构模型（Borman, et al., 1993），该模型得到了国内外学者的广泛认同。

Van Scotter和Motowidlo在二维模型之上，将情境绩效的构念进一步细分为工作奉献与人际促进，并且提出对任务绩效进行重新定义的建议，最终形成一个三维模型（Van Scotter, et al., 1996）。

孙健敏等在Van Scotter和Motowidlo研究的基础上，运用类属分析、结构访谈等方式，对中国境内的两家中小型企业的109名人员进行研究，在二维模型之上，用人际关系和个人特质替代原来的情境绩效，与任务绩效共同组成了一个三维度研究（孙健敏，焦长泉，2002）。

刘芳和吴欢伟以高新技术企业的员工为调查对象，结合访谈的方法及问卷调查法，参考徐淑英等专家的量表研究成果，将员工绩效划分为3个维度（刘芳，等，2012）。

将调查范围锁定为企业组织内的管理者，对145份数据进行探索分析，涉及29个题项的9次迭代运算。结果表明，研究模型的拟合优度比较好，通过竞争比较发现，理论假设模型也优于其他因素的模型组合，可将工作绩效作四维结构划分（温志毅，2005）（表2.16）。

表 2.16  员工绩效的维度划分

| 结构 | 组织信任维度 | 学者 |
| --- | --- | --- |
| 二维结构 | 任务绩效、情境绩效 | Borman, et al.（1993） |
| | 任务绩效、工作奉献、人际促进 | Van Scotter, et al.（1996） |
| 三维结构 | 任务绩效、人际关系绩效、个人特质绩效 | 孙健敏，等（2002） |
| | 基本工作绩效、组织公民行为、在岗稳定性 | 刘芳，（2012） |
| 四维结构 | 任务绩效、人际绩效、适应绩效、努力绩效 | 温志毅（2005） |

#### 2.3.2.2 员工绩效的测量

王辉等以中国南部某银行的 87 位主管和 168 位下属为调查对象，通过信封邮寄的方式对一手问卷数据进行回收，采用验证性因子分析（CFA）对西方的二维模型进行中国情景下的适用性检测。数据结果显示，任务绩效有 7 个题项，情境绩效有 15 个题项，Cronbach's Alpha 系数均大于 0.80，且模型的拟合度较好，具有较好的信度和区分效度（王辉，等，2003）。

孙秀明和孙遇春使用成熟量表，计分方式为李克特 7 点测量工具，全部以网络的形式发放及回收样本，对 265 份有效问卷进行层次回归检测。数据分析结果显示，量表整体的 Cronbach's Alpha 系数是 0.89，其中，任务绩效维度、工作奉献维度的 Cronbach's Alpha 系数分别是 0.82、0.80，人际促进维度的 Cronbach's Alpha 系数为 0.81；同时，$\chi^2/df$、RMSEA、CFI 等结构判别指标良好。综上所述，量表具有较好的信度和结构效度（孙秀明，等，2015）。

刘芳和吴欢伟以湖北省 50 家高新技术企业的员工为调查对象，结合访谈的方法及问卷调查法，参考徐淑英等专家的量表研究成果，将员工绩效划分为三个维度，共对应着 23 个题项，使用 7 点测量工具，在收集了其中的 3 家企业的 36 个有效样本后，进行预测试，而大规模有效问卷的样本量为 276 份。检验分析后表明，判别效度和结构效度较高，变量的 Cronbach's Alpha 系数为 0.73～0.97，具有较好的内部信度（刘芳，等，2012）（表 2.17）。

表 2.17  员工绩效的测量

| 题项 | 测量维度 | 学者 |
| --- | --- | --- |
| 22 个题项 | 任务绩效、情境绩效 | 王辉，等（2003） |
| 15 个题项 | 任务绩效、工作奉献、人际促进 | 孙秀明，等（2015） |

续表

| 题项 | 测量维度 | 学者 |
| --- | --- | --- |
| 23个题项 | 基本工作绩效（11个题项）<br>组织公民行为（9个题项）<br>在岗稳定性（3个题项） | 刘芳，等（2012） |

### 2.3.3 员工绩效的前因变量

员工绩效会受到环境、组织、心理等因素多方面的影响，学者们对于员工绩效前因变量的探索也比较丰富，大体可以划归在个体要素和组织要素中进行统筹考量。

#### 2.3.3.1 个体要素

张剑等采用随机抽样的方式收集有效样本480份，实证检验后发现，员工情绪智力与员工绩效4个维度之间具有显著的正相关关系，Cronbach's Alpha系数为0.955，拟合效度指标良好，信度效度较好。员工越善于管控自己情绪，越有利于绩效的提高。在员工遴选和培训中应注重对情绪智力的培育，增强对积极情绪的感知、表达与评价，提高对消极情绪的调控与转化能力，探索整体绩效提升的有效举措（张剑，等，2008）。

姚若松等以公交一线员工为研究对象，对某市公交的司机等开展了9次问卷调查，收回有效问卷2086份，数据检验后表明，Cronbach's Alpha系数为0.72~0.89，量表的内在结构好、显著性水平高、整体的信效度较好。人格特质和工作绩效联系较为紧密，且显著相关。这个研究丰富了中国背景下人格特质与工作绩效的作用机制研究，有利于提升招聘工作的有效性，增加人岗相宜的匹配度（姚若松，等，2013）。

谭国威和马钦海从社会互动理论的视角，开展共创价值与工作绩效的影响的研究，将回收的420份服务业企业员工的问卷数据进行结构方程模型的分析后表明，满意度（员工、顾客）对员工绩效具有积极的拉动效应。因此，企业应通过改变管理方式和提升员工待遇，加强组织与成员之间的沟通来增加员工的满意度，进而提升绩效水平，同时，应努力改善服务环境和服务方式，创造愉悦融洽的消费氛围，增加顾客的满意度，进而促进员工工作绩效的提高（谭国威，等，2017）。

马述杰基于中国企业管理中员工敬业程度相对比较低的现状，以高科技企业为研究目标，将309份有效问卷进行数据检验后表明，员工敬业度的4个维度（认知、情感、行为）对员工绩效的2个维度（任务、关系）均具有正向影响作用，相关系数为0.275~0.894。企业应重视对员工的人文关怀，拓展多元化的培训方式，强化文化培训，正视组织认同感与主人翁的责任感的积极作用，积极对员工的行为进行正向系统引导和强化，释放员工敬业精神的带动辐射效应（马述杰，2017）。

使用随机抽样的方法对155名员工进行实证考察，分析结果显示，工作动机正向显著作用着绩效水平（Maartje, et al.，2020）。

于尚艳等以各类企业员工为研究对象，构建领导风格与员工绩效之间的理论模型，对得到的272份有效样本数据进行检验分析，显示量表的信效度都符合要求。结构方程建模分析测算，变革型领导对员工绩效的标准化系数为0.55，意味着变革型领导与员工绩效显著正相关，其可以促进员工绩效水平的提升，企业应该转变领导风格，让有魅力、有品德的领导者激发员工工作的积极性和创造性（于尚艳，等，2012）。其他领导风格的管理者对绩效的影响也比较显著，比方说包容型领导，其对创新绩效的作用，也是正向而积极的（钟竞，等，2018），同时，还有道德领导，与创新绩效具有正相关性，且比较显著（仲理峰，等，2019）。另外，德行领导对工作绩效的促进作用也是比较明显的（许彦妮，等，2014）。然而，朱金强和张丽华的研究表明，领导风格导向（员工、任务）分别会正向影响周边绩效、任务绩效，也就是说，风格的导向会给二者之间的关系带来维度上的差异（朱金强，等，2015），因此，在二者之间的影响关系上宜差异化处理，不可以盲目地进行一刀切，应做具体深入细分探讨。

### 2.3.3.2 组织要素

张弘和赵曙明对37家企业的481份有效样本分析后表明，雇佣保障和员工绩效的3个维度之间的关系比较复杂，表现为线性或U型。这就要求企业的雇佣决策应该以提升员工绩效为导向，注重企业与员工目标的契合，适当运用雇佣无保障的策略施加动力。然而，只有团队的协作才能促进企业的持续发展，也更加需要雇佣保障的支持（张弘，等，2010）。

宋欣等以多个省份的知识员工为调研对象，得到93份领导与776份成员配对有效样本问卷，结果表明，团队心理资本与员工个体创新绩效的路径相关系数是0.49，因此认定，二者呈正相关。积极营造组织和团队的良好文化氛围，引导发挥心理能力优势，树立成就动机导向，鼓励团队在学习中开发积极的心理能力，挖掘个体成员的内在潜力和创造力（宋欣，等，2014）。

刘丽杭等对湖南省内的97家社区卫生机构的员工发放问卷，收回有效问卷821份，进行结构方程的检验后发现，发展型绩效考核正向作用着员工工作绩效，并且二者之间的关联性显著。其实，发展型绩效考核是一种组织员工交换关系，比较看重对员工的培训、开发、自我学习、自身价值提升，基于社会情感交换的员工个体会努力工作、提升绩效、积极回报组织关切，该研究对于探索公共服务绩效的创新与发展具有重要意义（刘丽杭，等，2016）。

李敏和蔡惠如基于交换、认知、角色理论，对回收的33家企业的709份嵌套数据进行分析后表明，组织承诺对员工绩效的影响系数为0.24，也即组织承诺与员工绩效之间具有显著的正向关系。企业应该重视组织承诺对绩效的影响，发挥工会在组织中的有效作用，积极开展组织活动，密切组织与员工之间的关系，逐步兑现组织许诺，提高沟通的效率，允许员工参与组织发展和部分管理事务，促进企业效益的增长（李敏，等，2015），而在承诺下的组织支持对绩效是有影响的，研究结果揭示了柔性制造环境下一线员工四个新的绩效指标：持续学习、团队合作、问题解决和积极工作。组织支持可以分为强化支持和抑制性支持。实证研究的数据显示为，加强组织支持对一线员工的新绩效有正向影响（T. Chen, et al., 2020）。

任湘郴等对湖南地区34家企业的员工开展调查，得到有效问卷873份，实证检验后发现，企业社会责任正向关联着员工绩效。对于企业的长远发展与具体的管理实践来说，做好社会责任的战略规划和顶层设计都是相当有必要性的，应进行相关的培训和提升，积极引导员工参与社会责任实践活动，增强组织与员工之间的互惠关系，积极推进绩效水平的提升和企业美誉度及社会品牌的塑造（任湘郴，等，2017）。

### 2.3.3.3 其他要素

于尚艳等以各类企业员工为研究对象，对得到的272份有效样本数据进行检验分析，量表信效度良好。通过结构方程测算，发现任务冲突对员工绩效的标准化系数为0.28，表明任务冲突与员工绩效之间呈显著正相关，所以，企业应营造自由表达的氛围，建立健全自由表达体制机制，允许不同声音的存在，激发创新和创造的活力（于尚艳，等，2012）。

李应军以五星级酒店员工为问卷发放对象，收回212份有效调查问卷，数据分析后表明，边缘化对工作绩效具有显著的负向影响。应强调个体与组织愿景的融合，实行员工帮助计划（EAP）进行积极有效的心理管理，创造良好的人文环境氛围，搭建职业发展平台，为员工提供良好的发展机遇，防范员工被边缘化，共创良好的双赢局面（李应军，2016）。

刘平青等对农民工调查研究，通过对回收的374份有效问卷分析后认为，个人—组织匹配（收入匹配、能力匹配）与工作绩效呈正相关的关系，且以上的关系之间具有显著性，以法律形式保障和构建和谐的员工组织关系，对于增加个体与组织之间的匹配度显得尤为重要。同时，在政策上，增加其收入、提高其技能、降低生存成本对绩效水平的提升是必要的（刘平青，等，2011）。

本研究的目的是研究社交媒体在纵向和横向交流中提升员工绩效的潜在机制。研究发现，垂直沟通的社会媒体使用与领导—成员交换（LMX）呈正相关，水平沟通的社会媒体使用与团队—成员交换（TMX）呈正相关。LMX 和 TMX 与员工绩效呈正相关（X. Chen，Wei，2020）（表2.18）。

表 2.18 员工绩效的前因变量

| | 变量 | 代表性内容 | 学者 |
| --- | --- | --- | --- |
| 个体要素 | 员工情绪智力 | 正相关 | 张剑，等（2008） |
| | 人格特质 | 显著相关 | 姚若松，等（2013） |
| | 满意度 | 无论是员工工作满意度还是顾客的满意度均与员工绩效显著相关且对其具有促进作用 | 谭国威，等（2017） |
| | 员工敬业度 | 员工敬业度的三个维度（认知、情感、行为）对员工绩效的两个维度（任务、关系）均具有正向影响作用 | 马述杰（2017） |
| | 工作动机 | 正向作用 | Maartje，et al.（2020） |
| 组织要素 | 变革型领导 | 显著正相关 | 于尚艳，等（2012） |
| | 领导风格 | 有影响 | 朱金强，等（2015） |
| | 雇佣保障 | 与其三维度呈 U 型或线性关系 | 张弘，等（2010） |
| | 团队心理资本 | 正相关 | 宋欣，等（2014） |
| | 发展型绩效考核 | 显著正相关 | 刘丽杭，等（2016） |
| | 组织承诺 | 正向关系 | 李敏，等（2015） |
| | 强化组织支持 | 正向影响新绩效 | T Chen，et al.（2020） |
| | 企业社会责任 | 正向作用 | 任湘郴，等（2017） |
| 其他要素 | 任务冲突 | 任务冲突与员工绩效之间显著正相关 | 于尚艳，等（2012） |
| | 边缘化 | 边缘化对工作绩效具有显著的负向影响 | 李应军（2016） |
| | 个人—组织匹配（收入匹配、能力匹配） | 正向影响 | 刘平青，等（2011） |
| | LMX、TMX | 正相关 | X Chen，et al.（2020） |

## 2.3.4 小结

经过文献分析，对于员工绩效的内涵，学者们的想法不一，在各自的立场和学科研究上给出了不同的释义，有些研究人员认为，注重过程和行为是员工绩效的表现，而有的学者认为员工绩效是注重产出的结果，也有的学者认为员工绩效既关注结果也注重过程。员工绩效应是由结果和行为综合而成的（Paul, et al., 2004），是需要综合看待考量的。对于员工绩效的定义，综合论的观点在当前比较普遍。在维度的划分上，有两维度结构，是由任务绩效和情境绩效构成（Borman, Motowidlo, 1993），该模型得到了国内外学者们的广泛认同，同时，也有三维度结构和四维度结构。

员工绩效是会受到多种因素联合作用的，目前而言，对于员工绩效前因变量的探索比较丰富。我们发现影响员工绩效的前因变量主要有两个方面：组织要素和个体要素。员工沉默行为产生后会让同事关系、上下级关系，甚至组织关系变得更为复杂，员工很难敞开心扉表达想法，在长期的封闭、慎言、猜忌、疑虑等不良状态下，权衡纠结得失中，容易滋生悲观、焦虑、紧张、迷茫、失望等心理问题，把正常的工作和交流看作一种负担，产生心理障碍（刘巨钦，吕波，2012），对公司存在的问题有所过滤和隐瞒，对组织的工作不关心或者逃避、推脱，员工不能将自身利益与组织利益结合在一起，成为绩效的绊脚石（杨丰瑞，等，2010），也使得无论是团队还是员工个体的心理资本均对知识员工的创新绩效具有促进作用（宋欣，等，2014）。而心理资本对个人绩效、公司绩效均起到正向影响作用（杜娟，等，2012）。

因此，我们判断当员工沉默行为发生后，这种行为在加入了心理资本的中介变量后，会对员工绩效产生一定的影响效果。所以，我们选择这几个变量，来求证中国背景下员工沉默行为、心理资本，以及员工绩效之间的作用机制。

## 2.4 组织信任研究综述

### 2.4.1 组织信任的含义

在对相关的研究资料梳理后显示，学者们将组织信任（Organizational Trust, OT）进行了两个大的类别的区分：组织间信任和组织内信任。前者关注的是不同组织间的信任关系，后者指向组织内部的情况，关注的主体主要为员工与同事、领导与组织之间的信任关系。本研究意在开展组织内成员的信任关系探讨。

对组织信任的研究涉及心理学、组织行为学、管理学等学科，不同学者基于其所在的学科领域给予其不同的定义，因此可知，目前情况下学界并未达成一致意见。但是，经过文献整理后可将其划分为整体论、个体论和综合体论三类。

整体论认为，组织社会化有利于增强员工对组织整体的信任度，组织信任是一种整体上的信任感（Allen，2004）。

个体论认为，组织信任指的是内部员工个体之间的相互信任关系。研究表明，组织信任是员工、同事、领导相互之间对于某些特质的关注，如正直、诚实、真实等（Podsakoff, et al.，1990）。

综合体论认为，组织信任既包括员工对组织整体的信任也包括员工、同事、领导之间的个体信任，应该综合而全面地看待组织信任。

总体而言，组织信任是多维度的概念。综合学者们的研究认为，组织信任大体有两个主要维度：一个维度是员工之间的人际信任；另一个维度是员工与组织整体之间的系统信任（Nyhan，1999），其展现的是组织与管理者对员工的一种双向的信任关系（刘颖，2007），同时，二者之间又相辅相成、缺一不可。本研究着重从系统信任的维度探索员工与组织整体之间的信任关系（表2.19）。

表 2.19 组织信任的含义

| 角度 | 内容 | 学者 |
| --- | --- | --- |
| 整体论 | 组织信任是员工与组织间的信任，体现在员工对组织整体的信任上面 | Allen（2004） |
| 个体论 | 组织信任是员工、同事、领导相互之间对于某些特质的关注，如正直、诚实、真实等 | Podsakoff, et al.（1990） |
| 综合体论 | 组织信任是多维度的概念，一个维度是员工之间的人际信任；另一个维度是员工与组织整体之间的系统信任 | Nyhan（1999） |

## 2.4.2 组织信任的维度与测量

### 2.4.2.1 组织信任的维度划分

对于信任的研究，从原来被认为的单一维度到多维度划分，由个体到整体，由表层到深层，既有组织内的信任也有组织间的信任，既有横向层面的信任也有纵向层面的信任，涉及人际、组织、文化、制度等多因素的影响（李艳霞，2014）。

从单一维度到二维度划分。Robinson 把组织信任在单维度上进行了解读，也即员工对组织整体的信任（Robinson，1996）。在此基础上，延伸出来对其进行两个维度的划分：认知信任和情感信任。综合比较而言，前者的信任水平更高（Mcallister，1995）。Davis 等的研究也认为，其由 2 个维度构成，维度内容与 Mcallister 的研究完全一致（Davis, et al.，2000）。然而，Nyhan 则把人际信任、系统信任作为其二维结构进行衡量（Nyhan，1999）。中国学者杨中芳和彭泗清在西方组织信任研究的基础上，从文化根源入手，以现代中国人为研究对象，进行访谈后认为，组织内信任可分为能力信任和人品信任（杨中芳，等，1999）。雷妮对其进行了水平信任与垂直信任的空间维度划分（雷妮，2016a）。阳芳和韦晓顺在 Fox 及 Costigan 等二维度研究划分的基础上，在关系、制度 2 个维度上对组织信任进行了解读，并对个体变量维度之间的关系进行了探讨（阳芳，等，2016）。同样，畅铁民和许昉昉通过问卷调查运用结构方程建构嵌套模型，在 Mayer 信任量表的基础上把组织信任划分为 2 个维度：对同事信任和对直接领导信任，并对其进行了测量（畅铁民，等，2015）。

组织信任的三维度及多维度划分。基于认知、情感信任二维度之上，增加了一个行为信任维度，形成三维结构（Lewis, et al.，1985）。Costigan 等依据组织内员工对同事、直接管理者、高层管理者的信任指向对象，进行了 3 个维度的细分（Costigan, et al.，1998），而国内学者赵西萍等以较低的组织层次团队为研究对象，在团队内依据职位层次再进行组织信任的三维度划分，涵盖团队整体、主管及成员间的信任（赵西萍，等，2008）。在前人二维度和三维度划分的基础上，裴春秀进一步研究认为，组织信任是可以通过后天习得的，组织信任表现为管理者与员工之间的互动，可划分为认知信任、情感信任和理性信任三个层次（裴春秀，2006），万涛依据 Mayer 等的理论，从情感、能力、道德三个方面积极评价员工对领导的信任水平，在情感信任、能力信任、道德信任 3 个维度上进行考量（万涛，2009），而雷妮对 421 份有效问卷进行分析后表明，组织信任与组织学习过程的关系密切，并且随之将组织信任进行了三维度划分（雷妮，2016b）。随后，在 Mcallister、吉登斯和高静美等二维度研究的基础上，把系统信任纳入其中，组成了一个三维度的划分形态（王飞飞，张生太，2017）。罗顺均则认为组织信任在不同的情境下随着人际关系的发展会有所演进和变化，在动态的过程中形成了三个方面的维度（罗顺均，2014）。

刘颖通过两次大规模的调查研究和实验研究，分别收集到有效样本 1263 个和 920 个，使用 EFA 和 CFA 的分析方法，把组织信任放在了 4 个维度下进行解读（刘颖，2007）（表 2.20）。

表 2.20 组织信任的维度划分

| 结构 | 组织信任维度 | 学者 |
| --- | --- | --- |
| 一维结构 | 组织信任 | Robinson（1996） |
| 二维结构 | 情感信任、认知信任 | Mcallister（1995）<br>Davis et al.（2000） |
| | 人际信任、系统信任 | Nyhan et al.（1999） |
| | 能力信任、人品信任 | 杨中芳，等（1999） |
| | 水平信任、垂直信任 | 雷妮（2016a） |
| | 关系信任、制度信任 | 阳芳，等（2016） |
| | 对同事信任、对直接领导信任 | 畅铁民，等（2015） |
| 三维结构 | 认知信任、情感信任、行为信任 | Lewis et al.（1985） |
| | 员工对同事、直接管理者、高层管理者的信任 | Costigan et al.（1998） |
| | 团队成员的信任、团队主管的信任、团队整体的信任 | 赵西萍，等（2008） |
| | 认知信任、情感信任、理性信任 | 裴春秀（2006） |
| | 情感信任、能力信任、道德信任 | 万涛（2009） |
| | 认知信任、情感信任、制度信任 | 雷妮（2016b） |
| | 认知信任、情感信任、系统信任 | 王飞飞，等（2017） |
| | 基于计算的信任、基于了解的信任、基于认可的信任 | 罗顺均（2014） |
| 四维结构 | 关系信任、个性质量信任、胜任信任、公开性信任 | 刘颖（2007） |

#### 2.4.2.2 组织信任的测量

周路路等学者基于社会交换理论，运用李克特 6 点测量工具，使用 Robinson 的 7 个题项的量表，运用多层回归分析的方法对收集的 491 份有效问卷实证分析，经过测算组织信任的 Cronbach's Alpha 系数为 0.899，载荷系数大于 0.5，同时，该模型的判别效度也好（周路路，等，2011）。同样，曾贱吉对湖南省的 251 名企业员工进行问卷调查分析，其中组织信任的量表为 Robinson 编制的 7 个题项内容，采用李克特 7 点测量工具，数据分析后显示，组织信任的 Cronbach's Alpha

系数为 0.94，AVE 值为 0.70，测算的信度、结构效度都符合要求（曾贱吉，2017）。

依据 McAllister 设计的量表，经过专家讨论和中英文互译，用 7 个题项对组织信任测度，实证分析后结果表明，信度、效度都达标（党兴华，等，2013）。

阳芳和韦晓顺将组织信任划分为关系信任和制度信任，对李宁的组织信任量表题项进行个别修正，共设计了 34 个题项，其中制度信任 13 题，关系信任 21 题，选择 20 多家中小企业的新员工为研究对象，得到有效问卷 275 份，数据分析后发现，KMO 值为 0.942，$P = 0.000$，适合因子分析，公因子的累积方差贡献率为 66.636%，说明题项对于问卷整体的有效性较高，Cronbach's Alpha 系数为 0.977，具有良好的信效度（阳芳，等，2016）。

对来自高新技术企业的员工，派发了调查问卷。运用结构方程方法构建研究模型，整合嵌套模型与假设模型进行竞争模型对比，在 Mayer 信任量表的基础上对原维度题项有所取舍，将组织信任划分为对同事信任和对直接领导信任 2 个维度，并对其进行了测量。其中，对直接领导信任的量表 Cronbach's Alpha 系数为 0.939，对同事信任的量表 Cronbach's Alpha 系数为 0.918，验证性因子分析的结构效度检验良好，整体具有较好的信度和效度（畅铁民，等，2015）。

李宁和严进对组织信任的测量采用了李克特 7 点测量工具，综合了 McAllister 的常用信任模型及 Gould-Williams 的信任模型，前者涉及对同事和直接领导的信任，由基于情感的信任和基于理性的信任 2 个维度组成，共 11 个题项。经过分析后，保留了 10 个题项；后者涉及对高层领导的信任，包括人际信任及系统信任，共 10 个题项（李宁，等，2007），而王飞飞和张生太则采用了李克特 5 点测量工具进行测量，同样参考了 McAllister 的二维结构划分，又参考了国外学者制度信任的概念，制定了包括认知信任等 3 个维度的量表。基于人力资源结构的视角，对山西省 26 家企业员工发放问卷，收回有效问卷 359 份，数据运算后显示，认知信任（5 个题项）、情感信任（4 个题项）、系统信任（4 个题项）的 Cronbach's Alpha 系数分别为 0.87、0.86、0.89，都比 0.7 大，具有较好的信度。另外，每一个题目的 AVE 值都比 0.50 大，收敛效度良好，且通过了区别效度检验（王飞飞，等，2017）。

刘颖通过两次大规模的调查研究和实验研究，分别收集到有效样本 1263 个和 920 个，进行了探索性因子分析和验证性因子分析，将筛选的 25 个题项进行了检验，将其归纳为 4 个可以解释大多数变量的公因子，验证后发现四维度结构模型比较理想，问卷的内部一致性为 0.9040，组织信任的问卷整体具有较好的信度与效度，因此，把其进行了 4 个维度的细分（刘颖，2007）（表 2.21）。

表 2.21 组织信任的测量

| 题项 | 测量维度 | 学者 |
| --- | --- | --- |
| 7个题项 | 组织信任 | 周路路，等（2011） |
| 7个题项 | 组织信任 | 曾贱吉（2017） |
| 7个题项 | 认知信任、情感信任 | 党兴华，等（2013） |
| 34个题项 | 关系信任、制度信任 | 阳芳，等（2016） |
| 6个题项 | 对同事信任、对直接领导信任 | 畅铁民，等（2015） |
| 18个题项 | 基于情感的信任、基于理性的信任、人际信任、系统信任 | 李宁，等（2007） |
| 13个题项 | 认知信任、情感信任、系统信任 | 王飞飞，等（2017） |
| 25个题项 | 关系信任、个性质量信任、胜任信任、公开性信任 | 刘颖（2007） |

### 2.4.3 组织信任的前因变量

组织信任是组织运行及绩效提升的重要影响因素，推动组织内外人与事的发展，渗透于组织的每一个"细胞"当中，是组织效益的有力增长源。对于组织信任的前因变量的研究，大多集中于个体因素方面、组织因素方面和交互因素方面。个体因素方面主要涉及能力、善意、正直、沉默行为、变革型领导、授权型领导等特质；组织因素方面主要涉及组织社会化、组织公平、组织公正、组织结构、组织制度、组织支持等；交互因素方面主要涉及领导成员交换关系、沟通交流等。

#### 2.4.3.1 个体因素方面

Mayer从信任对象的角度进行论证后表明，信任指向方的能力、善意、正直三个特质变量对组织信任产生影响（Mayer, et al., 1995）。韦慧民和龙立荣从行为动力特征的角度，探索影响组织内信任的因素，个体层面有信任倾向和回报预期（韦慧民，等，2008），员工感知的考核系统认同对组织信任（对同事信任、对直接领导信任）具有积极的影响作用（畅铁民，等，2015）。另外，站在管理者的特质来看，变革型领导是组织信任的重要影响因素（曾贱吉，2011），对组织信任具有显著的正向影响（贾良定，等，2006），而领导者的授权赋能行为将有力地促进组织信任水平的提升（宋璐璐，等，2014），且授权型领导对组织信任具有显著的正向作用（陆洋，等，2017），管理者的个人特征影响组织氛围，氛围影响组织信任的形成，组织信任关系的强弱又左右着人际关系和绩效，人际关系和绩效也会作用于管理者的管理情绪，故应重视培养管理者的优良特质。相对于管理者的特质，员工的工作态度对组织信任的影响则是自下而上的，对于组织信任的稳定性和持久性更为关键。凌玲等通过结构方程模型的研究认为，员工工作满意度越高，其对领导者和公司的信任水平就越高，越能努力工作提升效率，促进组织的健康发展，工作满意度对组织信任具有显著的正向作用（凌玲，等，2009）。王进才对教师群体发放问卷研究后发现，由于教师的合理建议得不到采纳，自身会感觉不受重视，加上与学校、领导沟通交流少及信息不对称，缺少集体感，害怕得罪领导和同事，影响人际关系，对组织中出现或积压的问题避而不谈，大多保持沉默，时间一长容易对组织产生猜忌、不满、失望等情绪，沉默行为和组织信任的关联是负向的（王进才，2012）。

### 2.4.3.2 组织因素方面

公平公正的组织环境是组织信任产生的肥沃"土壤"，组织信任在组织的发展中至关重要，可以节约成本投入，有利于组织集约型增长壮大，提升整体效益。Connell 等通过焦点小组及调查问卷的形式对澳大利亚的一个组织开展研究后发现，组织支持、程序公正在组织信任上的前置作用明显（Connell, et al., 2003），同样，赵慧军和王君对 269 份有效问卷的回归分析也认为，程序公正对组织信任的前置作用强烈，而且，组织公正对其作用也具有显著性（赵慧军，等，2008），组织政治知觉等是组织信任的重要影响因素（曾贱吉，2011），韦慧民和龙立荣从行为动力特征的角度，探索组织氛围和薪酬结构等对组织内信任情况的影响，这些因素均作用明显（韦慧民，等，2008），而组织层面权力的集中程度对组织内的信任产生较大影响，集权有利于统一指挥、集中力量，但如果过度集权，则会让员工丧失自我的主动性。不善于授权的组织必然带来组织层级的增加，致使上下级之间沟通不畅、信任程度下降，组织集权化对组织信任具有显著的负向作用（蔡翔，等，2006）。余璇和陈维政对 448 个员工样本进行实证研究分析后，其数据显示，组织伦理气候对组织信任是比较强烈的（余璇，等，2015）。从微观来讲，相应的团队的协调能力、资源掌控能力对组织信任具有正向影响作用（赵西萍，等，2008）。扩展到组织外部来讲，组织与环境的融合发展也相当重要，是组织适应力的体现，其社会化程度越高，对组织整合资源的优势就越明显，组织的向心力和凝聚力越强，越有利于增强信任度，所以，组织社会化对组织信任产生重要影响，有利于提升员工之间、员工与公司之间的信任程度（Allen，2006），而在组织社会化的人际交往中员工的个人行为会自然融入组织的整体行为当中，也即"组织嵌入"，其会给予组织信任正向的助力作用（王莉，等，2007）。

#### 2.4.3.3 交互因素方面

组织—员工的互动关系对组织信任具有显著的影响（范艳萍，2014），而管理者往往被作为组织的"代言人"，决定了领导成员交换关系的交互因素，自然成为组织信任的重要前因变量，对组织信任具有重要的影响作用（朱瑜，等，2013），并且领导成员的积极沟通与交流对于增强组织内的信任是至关重要的，这种沟通与交流可以表现为语言交流、文字交流、肢体语言交流等多种形式，可以增强组织信任的整体水平（Ben-Ner, et al., 2011），而组织或个体在交流与合作的过程中会产生对企业专业化的认同，对其专业化的服务印象感知深刻，且郑爱翔和周海炜基于感知理论、声誉理论，对来自服务业的259份信效度较高的有效问卷进行结构方程分析，数据显示，专业声誉、感知对组织信任均具有正向作用（郑爱翔，等，2015），并且朱永跃等将组织信任划分为3个维度，基于Gillespie和Dietz提出的模型，实证检验后发现外部监管、政策与实施、社会声誉对OT的作用强烈（朱永跃，等，2014），企业的社会责任也显著影响组织信任（Kim，2020）。另外，员工能感知到的人际间的公正性对组织信任也具有重要的影响（祁顺生，等，2006）。然而，组织信任（违背、修复）分别对OT产生负向、正向关联，二者的交互效应对OT具有显著的影响力（郭钟泽，2019）（表2.22）。

表2.22 组织信任的前因变量

| | 变量 | 代表性内容 | 学者 |
|---|---|---|---|
| 个体因素方面 | 能力、善意、正直 | 信任指向方的能力、善意、正直三个特质变量对组织信任产生影响 | Mayer et al.（1995） |
| | 个体层面：信任倾向、回报预期 组织层面：组织结构、组织制度、组织氛围、薪酬结构 | 均有影响 | 韦慧民，等（2008） |
| | 考核系统认同 | 考核系统认同对组织信任（对同事信任、对直接领导信任）具有积极的影响作用 | 畅铁民，等（2015） |

## 第2章 研究现状分析

续表

| | 变量 | 代表性内容 | 学者 |
|---|---|---|---|
| 个体因素方面 | 组织政治知觉、组织公平、变革型领导 | 有重要影响 | 曾贱吉（2011） |
| | 变革型领导 | 变革型领导对组织信任具有显著的正向影响 | 贾良定，等（2006） |
| | 领导授权赋能行为 | 领导授权赋能行为将有力地促进组织信任水平的提升 | 宋璐璐，等（2014） |
| | 授权型领导 | 授权型领导对组织信任具有显著的正向作用 | 陆洋，等（2017） |
| | 工作满意度 | 正向作用 | 凌玲，等（2009） |
| | 沉默行为 | 负相关 | 王进才（2012） |
| 组织因素方面 | 组织支持、程序公正 | 员工感知的组织支持和程序公正是组织信任的重要预测因子 | Connell, et al.（2003） |
| | 组织公正 | 显著影响 | 赵慧军，等（2008） |
| | 组织集权化 | 组织集权化对组织信任具有显著的负向作用 | 蔡翔，等（2006） |
| | 组织伦理气候 | 显著影响 | 余璇，等（2015） |
| | 团队协调能力、团队资源掌控能力 | 正向影响 | 赵西萍，等（2008） |
| | 组织社会化 | 组织社会化对组织信任产生重要影响，有利于提升员工之间、员工与公司之间的信任程度 | Allen（2006） |
| | 组织嵌入 | 积极影响 | 王莉，等（2007） |
| 交互因素方面 | 组织—员工的互动 | 组织—员工的互动关系对组织信任具有显著的影响 | 范艳萍（2014） |
| | 领导成员交换关系的交互因素 | 重要前因变量，对组织信任具有重要的影响作用 | 朱瑜，等（2013） |
| | 交流 | 交流对于增强组织内的信任至关重要，可以增强组织信任的整体水平 | Ben-Ner et al.（2011） |

43

续表

| 变量 | | 代表性内容 | 学者 |
|---|---|---|---|
| 交互因素方面 | 专业感知、专业声誉 | 专业感知、专业声誉对组织信任均具有正向作用 | 郑爱翔，等（2015） |
| | 外部监管、政策和实施、社会声誉 | 显著影响 | 朱永跃，等（2014） |
| | 企业的社会责任 | 显著影响 | Kim（2020） |
| | 人际间的公正性 | 员工能感知到的人际间的公正性对于组织信任也具有重要的影响 | 祁顺生，等（2006） |
| | 组织信任违背、组织信任修复 | 二者的交互效应对组织信任具有显著的影响力 | 郭钟泽（2019） |

### 2.4.4 组织信任的结果变量

通过对文献资料的整理后发现，研究者主要从行为态度、心理认知和绩效产出三个方面来阐释组织信任的结果变量。其中，在行为态度方面的表现主要体现为员工沉默行为、员工建言行为、责任分担等；在心理认知方面展现为心理契约、认同感、归属感、内部人身份认知等；在绩效产出方面主要表现为员工绩效、组织绩效等。但是，组织信任在员工的行为态度与心理认知、绩效产出之间的作用机制却缺少系统而深入的探究。

#### 2.4.4.1 行为态度方面

在对员工角色内外行为的影响方面，为了更好地抑制员工的沉默行为，可以通过增加组织信任的程度来实现（郑晓涛，等，2008），周路路等通过实证检验后也表明，组织信任与员工沉默行为呈显著负相关（周路路，等，2011）。同时，段锦云和田晓明的实证分析表明，组织信任可以增加建言行为（段锦云，等，2011），增强员工角色内外的积极参与意识，且与组织公民行为的关联较为强烈（Mayer，et al.，2005）。

在对敬业奉献和共享行为的影响方面，组织信任对工作敬业度产生重要的影响（陈明淑，等，2015），有利于激发员工的敬业精神（刘宗华，等，2017），其对员工的责任分担行为也起到正向作用（陈宇，等，2013）。赵红丹等基于雇佣关系视角，对配对样本研究表明，组织信任正向显著关联着知识共享、领导—部属交换，负向显著关联着心理契约违背（赵红丹，等，2010）。OT 越高，LMX 也就越密切（Alwiyanti, et al., 2020）。在企业当中，员工的知识共享行为会在组织信任的氛围下得到强化（杨霞，等，2017），尤其是对于教师群体来说，这种强化作用会更加突出（杨烁，等，2019）。

于海波等认为，组织信任正向关联着员工的工作满意度、情感承诺，负向关联着离职意向（于海波，等，2007），几近相似，同样是对三个变量的影响，只不过郑晓涛等把情感承诺换作了组织承诺，数据检验发现，其积极影响着组织承诺和工作满意度，负向作用着离职倾向（郑晓涛，等，2008），强烈地负向作用着职场孤独感（万广圣，等，2019）。但是，赵慧军和王君对组织信任的 12 个信任对象进行测量后显示，组织信任不完全负向作用的离职意向（赵慧军，等，2008），同样，阳芳和韦晓顺将组织信任分为制度信任与关系信任 2 个维度，以中小企业新员工为调查对象，检验数据分析后表明，制度信任这一维度对离职倾向的影响不显著、不相关，也即组织信任并不完全对离职倾向产生影响（阳芳，韦晓顺，2016），因此，学者们对组织信任与离职倾向（意向）之间的影响关系并未达到一致意见，二者之间的作用有待进一步探索。

#### 2.4.4.2 心理认知方面

组织信任强烈激发员工的敬业精神，心理的归属感、责任感、认同感（刘宗华，等，2017），对自我效能感产生影响（晏碧华，等，2018），厘清了与内部人身份认知之间的正向影响关系（屠兴勇，等，2017）。组织信任对心理授权来说有着重要的政治影响力（Culbert, et al., 1986），而员工对组织的信任会对工作绩效产生影响，心理安全则扮演了中间角色（马华维，等，2014），经过两个阶段的数据分析显示，组织信任与心理安全正向关联（李宁，等，2007）。心理契约是一种心理感知，而信任对于顺利心理履约至关重要，但最重要的核心在于互惠，赵红丹等认为组织信任对心理契约违背具有显著的负向作用。诸彦含和彭艳从社会交换的视角进行研究分析，通过对 210 份有效问卷的检验结果发现，组织信任对心理契约及心理契约的各项子维度均存在着显著的正向影响作用（诸彦含，等，2013）。

#### 2.4.4.3 绩效产出方面

组织信任对于推动个体和组织的学习、提升及效益产出具有重要的意义，对于组织学习过程具有积极的促进作用（雷妮，2016a），是个人知识组织化的关键影响因素（胡远华，等，2010），对于提升企业绩效具有较大作用（荆丰，

2012），与团队绩效具有正相关的关系（赵西萍，等，2008），对组织财务绩效产生间接影响（于海波，等，2007），并且对员工绩效产生重要的影响（陈明淑，等，2015）（表2.23）。

表2.23 组织信任的结果变量

| | 变量 | 代表性内容 | 学者 |
|---|---|---|---|
| 行为态度方面 | 员工沉默行为 | 组织信任能够减少员工沉默行为的发生 | 郑晓涛，等（2008） |
| | 员工沉默行为 | 显著负相关 | 周路路，等（2011） |
| | 员工的建言行为 | 组织信任能够激发员工的建言行为 | 段锦云，等（2011） |
| | 组织公民行为 | 显著相关 | Mayer, et al.（2005） |
| | 员工绩效、工作敬业度 | 组织信任对员工绩效和工作敬业度产生重要的影响 | 陈明淑，等（2015） |
| | 敬业精神、归属感、责任感、认同感 | 增强作用 | 刘宗华，等（2017） |
| | 责任分担行为 | 正向作用 | 陈宇，等（2013） |
| | 知识共享、领导—部属交换、心理契约违背 | 对心理契约违背显著负相关，其他为显著正相关 | 赵红丹，等（2010） |
| | 上下级关系 | 正相关 | Alwiyanti, et al.（2020） |
| | 员工知识共享行为 | 组织信任程度对于员工知识共享行为具有显著的强化作用 | 杨霞，等（2017） |
| | 教师知识共享 | 显著强化 | 杨烁，等（2019） |
| | 工作满意度、情感承诺、离职意向 | 对离职意向显著负相关，对其他显著正相关 | 于海波，等（2007） |
| | 组织承诺、工作满意度、离职倾向 | 对离职倾向显著负相关，对其他正向作用 | 郑晓涛，等（2008） |
| | 职场孤独感 | 组织信任对职场孤独感具有显著的负向影响作用 | 万广圣，等（2019） |
| | 离职意向 | 组织信任对离职意向的负向影响作用仅得到部分证实 | 赵慧军，等（2008） |
| | 离职倾向 | 组织信任中的制度信任这一维度对离职倾向的影响不显著、不相关，也即组织信任并不完全对离职倾向产生影响 | 阳芳，等（2016） |

续表

| | 变量 | 代表性内容 | 学者 |
|---|---|---|---|
| 心理认知方面 | 自我效能感 | 组织信任对自我效能感产生影响 | 晏碧华,等(2018) |
| | 内部人身份认知 | 厘清了组织信任与内部人身份认知之间的正向影响关系 | 屠兴勇,等(2017) |
| | 心理授权 | 组织信任对心理授权来说有着重要的政治影响力 | Culbert, et al.(1986) |
| | 心理安全 | 下级对组织的信任则通过心理安全进而影响员工的工作绩效 | 马华维,等(2014) |
| | 心理安全 | 显著正相关 | 李宁,等(2007) |
| | 心理契约 | 组织信任对心理契约及心理契约的各项子维度均存在着显著的正向影响作用 | 诸彦含,等(2013) |
| 绩效产出方面 | 组织学习过程 | 对于组织学习过程具有积极的促进作用 | 雷妮(2016a) |
| | 个人知识组织化 | 组织信任是个人知识组织化的关键影响因素 | 胡远华,等(2010) |
| | 企业绩效 | 组织信任对于提升企业绩效具有较大作用 | 荆丰(2012) |
| | 团队绩效 | 组织信任与团队绩效具有正相关的关系 | 赵西萍,等(2008) |
| | 组织财务绩效 | 组织信任对组织财务绩效产生间接影响 | 于海波,等(2007) |

### 2.4.5 组织信任的调节作用

组织信任是一种信念,Cummigs和Bromiley于1996年就曾将组织信任界定为:个体或群体成员不谋取额外利益,且遵守共同承诺的一种信念。基于社会交换理论视角,组织信任水平高的员工更愿意视组织为"己出",Hester等也认为,积极的双向反馈、组织认同等,有利于激发员工积极的行为,转变心理、改善态度(Fuller, et al., 2006),也就是说,个体对于组织的某种信念可以使员工的行为和心态产生影响。信念指导行为,行为左右心理。员工行为(如员工沉默行为)的产生,也并非来自真空。心理资本对员工行为或者态度的影响过程会不同程度地受到组织或者团队氛围的干扰(王雁飞,等,2019)。而信任程度较高的团队，具有顺畅的沟通与交流平台，员工的心理安全感较强（卿涛，等，2012）。即使员工行为消极，在团队信任氛围下员工的参与意识得到激发，以积极的心理状态克服困难，较少顾及个人风险（徐劲松，等，2017），积极建言献策，为组织的发展提供可行的建议和想法。同时，组织间、组织成员、成员间的互助、支持、信任程度越高，主动参与、交往、合作意识越强，心理状态就越好（赵富强，等，2014），也可以理解为组织信任调节着员工行为与心理状态之间的关系。员工对组织认同和信任，以组织标准要求自己，满意度高，对组织产生依恋和归属，产生较高的心理资本（汤涛，2013）。于海波等认为，组织信任无论是对组织整体行为甚至员工个体行为均有较大影响（于海波，等，2007）。组织信任调节着心理资本与部分态度行为之间的关系（惠青山，2009）。同时，组织信任在组织支持感与默许性沉默行为之间起到部分中介作用（李超平，等，2011）。通过以上的分析，本研究认为：在中国国有企业高权力距离的情境下，员工具有较高的员工沉默行为，使得组织环境比较压抑、沉闷、紧张、活力不足等，而组织信任程度高的员工善于打破沉默，妥善处理各种关系，对工作充满信心、希望和热情，为了获得更多的利益和自身发展，心理资本获得增强，绩效水平提升。同时，员工对组织和领导的信任影响员工的心理，激发员工的希望、信心、冒险精神（Edmondson，1996），使员工心理愉悦（Nembhard, et al.，2006），提升心理安全感（李宁，等，2007），产生积极的心理状态（高建丽，等，2015），增强员工参与意识，打破沉默氛围，积极为企业建言献策；而员工沉默行为的个体自我激励，通过组织信任水平的增加而对工作产生信心，增加积极性，充满乐观和希望，提升心理资本水平。

因此，组织信任作为组织文化集体层面的变量，可能会在员工沉默行为与员工绩效之间产生影响，推断组织信任可能调节员工沉默行为与心理资本的关系（表 2.24）。

表 2.24　组织信任的调节作用

| | 代表性内容 | 学者 |
| --- | --- | --- |
| 调节作用 | 积极的双向反馈、组织认同等，有利于激发员工积极的行为，转变心理和改善态度 | Fuller, et al.（2006） |
| | 心理资本对员工行为或者态度的影响过程会不同程度地受组织或者团队氛围的干扰 | 王雁飞，等（2019） |
| | 信任程度较高的团队，具有顺畅的沟通与交流平台，员工的心理安全感较强 | 卿涛，等（2012） |

续表

| | 代表性内容 | 学者 |
|---|---|---|
| 调节作用 | 团队信任氛围下，员工的参与意识得到激发，以积极的心理状态克服困难，较少顾及个人风险 | 徐劲松，等（2017） |
| | 组织间、组织成员、成员间的互助、支持、信任程度越高，主动参与、交往、合作意识越强，心理状态越好 | 赵富强，等（2014） |
| | 员工对组织认同和信任，以组织标准要求自己，满意度高，对组织产生依恋和归属，产生较高的心理资本 | 汤涛（2013） |
| | 对个体或组织行为影响较大 | 于海波，等（2007） |
| | 心理资本与部分态度行为之间 | 惠青山（2009） |
| | 员工对组织和领导的信任影响员工的心理，激发员工的希望、信心、冒险精神，使员工心情愉悦，产生积极的心理状态 | Edmondson（1996）<br>Nembhard, et al.（2006）<br>高建丽，等（2015） |
| | 组织信任有利于提升心理安全感，进而使员工有更多的精力专注于工作中 | 李宁，等（2007） |

## 2.4.6 小结

在心理学、社会学、政治学等不同的学科中，或多或少会涉及一些组织信任方面的研究内容。总体上来讲，我们应更多关注员工对组织整体的信任程度（Robinson，1996）。

组织信任的测量和划分是多维度的，受多种因素的影响，既有横向层面的，也有纵向层面的，包括人际、文化、制度等等。组织信任的结果变量的影响主要集中在行为态度、心理认知和绩效产出三个方面，其中，在行为态度方面的表现，主要体现为员工沉默行为、员工建言行为等；在心理认知方面的表现，主要体现为自我效能感、心理安全、心理契约等；在绩效产出方面的表现，主要体现为员工绩效、组织绩效等。但是，组织信任在员工的行为态度与心理认知之间的作用机制缺少系统而深入的探究。通过文献分析，行为态度和心理认知均是组织信任的结果变量，也可对员工沉默行为产生影响，同时组织信任又对心理资本的其中一个维度变量（自我效能感）产生影响（晏碧华，等，2018），组织的信任与支持会通过心理资本提升个体的活力因素和奉献精神（Yang, et al.，2020），所以组织信任对员工沉默行为、心理资本存在影响。当组织信任被员工感知，基于社会交换、互惠原则，会打破沉默，更多地参与组织内的建言献策，产生更高的心理预期和期待，进而推断组织信任调节着员工沉默行为与心理资本之间的负向影响。

当员工沉默行为发生后，可能会通过组织信任获得比较高的心理资本水平，更加积极地投入工作中创造员工绩效，而且组织信任对员工沉默行为和心理资本都有影响。据此判断，组织信任会调节员工沉默行为与心理资本之间的关系。

## 2.5 权力距离研究综述

### 2.5.1 权力距离的含义

目前，对于权力距离（Power Distance）含义的释义主要集中在国家社会层次和组织个体层次，研究涉及多个学科领域。Mulder认为，强权者与弱权者之间在权力分配中存在着不平等的现象，他们之间的情感距离即为权力距离（Mulder，1977）。权力的不平衡的分配也存在于国家的社会群体中，人们对这种不均衡的承受、期望以及能够接受的程度（Hofstede，1984），社会、组织等对权力不均的期望度（包艳，等，2019），均是权力距离的外在表现。而国家内部不同个体对于权力距离的感知程度也存在差异，其被定义为个体对权力在不同阶层的人员之间分配不均的接受程度（Dorfman，et al.，1988），并且权力距离是个体对组织中的权力、地位、权威等不平等的信念与感知程度（Kirkman，Chen，et al.，2009）。彭伟等认为，权力距离是在组织内部的个体对于权力等级的差别与不平等感知的接受程度（彭伟，等，2017）。

个体对权力距离的感知程度，是本研究的侧重点（表2.25）。使用Dorfman和Howell开发的单一维度的6题项量表（Dorfman，et al.，1988），其在学术界具有普遍的信度及效度，比较适合我国背景下的实证数据测量。

表2.25 权力距离的含义

| 角度 | 内容 | 学者 |
| --- | --- | --- |
| 国家社会层次 | 在一个社会体系中，权力分配不均衡的情感距离即为权力距离 | Mulder（1977） |
| | 国家的社会群体中，人们对于权力分配不均等的期望、承受、能够接受的程度 | Hofstede（1984） |
| | 社会、组织、机构等对于权力分配不均的期望程度 | 包艳，等（2019） |

续表

| 角度 | 内容 | 学者 |
|---|---|---|
| 组织个体层次 | 个体对权力分配不均的接受度 | Dorfman, et al., 1988) |
| | 个体对组织中的权力、地位、权威等不平等的信念与感知程度 | Kirkman, et al. (2009) |
| | 权力距离是在组织内部的个体对于权力等级的差别与不平等的感知程度 | 彭伟，等（2017） |

### 2.5.2 权力距离的前因变量

查阅相关的文献表明，对于权力距离的研究大多数都集中在其作为调节变量上，仅仅有一部分对结果变量的零星探索，很少有关于对其前因变量的探究（刘美姣，等，2019），并且多集中在领导风格、个体差异、组织环境等因素对于权力距离的前因作用上。

刘美姣等采用横断面研究，以东北地区的3所三级甲等医院的护士为匿名问卷调查对象，运用李克特7点测量工具，得到有效样本数据249份，结构方程数据分析结果表明，谦卑型领导与权力距离之间的正相关性强烈。此类领导谦虚而真诚，善于发现员工的长处，并适时给予鼓励与认同。同样，谦卑型领导容易被认可和信任，有利于创造融洽的领导与员工关系。企业应重视谦卑型领导风格的塑造，积极进行课程培训和策略研究，以推动企业的健康与和谐发展（刘美姣，等，2019）。

夏远等以北京内的企事业单位为研究对象，进行配对样本方式的问卷调查，相关分析显示，员工—组织关系对权力距离具有显著的负向影响作用。启示企业管理者，在关系制度设计中重视对员工的投入程度，及时关注员工的心理变化，缩短管理者与员工之间的距离感，让更多有中国智慧的本土方案应用于管理的实践当中去，促进管理效率的有效提升（夏远，等，2020）。

张帆与宋凤宁选取两个省份7所小学的教师作为问卷发放对象，得到309份有效问卷样本，通过回归、相关数据分析显示，情绪智力对权力距离具有显著的负向影响。学校内的教师要加强和提升情绪智力，管控和感知好自己与他人的情绪，权衡好权力距离的尺度，明确定位，调整与提升行为能力，推动组织的健康发展（张帆，等，2017）。

祝庆和李永鑫采取便利取样的方式，选取了6个城市的3家企业的基层员工为研究对象，得到554份有效问卷，数据分析结果显示，职场性骚扰的三个维度均对权力距离具有显著的正向影响。企业应与员工共同建立健全良好的监督制约机制，引入法律事务部门，提升员工综合能力与素质，加强领导与员工之间的沟通及交流，降低权力距离感知度，平衡企业员工的身心，积极为员工创造健康安全的工作环境和健全的发展环境，促进企业的稳定、持续发展（祝庆，等，2014）。

廖建桥与杨春龙将经济发展水平和教育程度作为自变量，对68个主要国家的统计数据进行实证分析，计算其对权力距离指数（PDI）的影响，相关数据分析的结果表明，经济发展水平对权力距离具有负相关影响，教育的普及程度与权力距离之间也具有负相关关系。发达国家的权力距离较低，而欠发达国家的权力距离就较高。经济的发展，带来教育的提升，随着教育普及程度的增加，会降低对权威的顺从及对权力的服从。经济发展水平和教育普及程度将作为综合因素对权力距离产生影响，因此在国家治理上应探索新的有效的管理方式（廖建桥，等，2013）。

在中国进行特质推理的探索，有研究认为，男性领导的权力距离高于女性，代际差异的影响不完全。该研究对于深化权力距离的认知、改善领导风格及管理方式、进行扁平化管理探索具有深远影响（王敏，2017）。

沈挺在中国文化背景下站在制度监督的立场上，通过对企业员工运用现场发放和委托发放相结合的方式进行问卷调查，得到222份有效样本，下级评估与权力距离之间的回归系数是$-0.551$，且$P<0.001$，因此下级评估对权力距离具有显著的负向影响。企业在市场竞争中，应加强对管理者的监督，给予员工更多的自由发表个人建议的话语权，关注员工实际需求，适当放权，增进管理者与员工之间的交流，创新绩效考核理念，降低员工对权力距离的感知程度，促进组织整体绩效水平的有效提升（沈挺，2010）。

人们占据着相应的社会地位，担当着某些角色，处在一定的经济发展大背景下，必然存在着社会文化差异，而社会文化又与权力距离紧密相连，个人主义和集体主义均对权力距离具有影响作用（表2.26）。因此，应当重视跨文化情境下员工的文化价值观对权力距离的影响研究（Hofstede，1986）。

表2.26 权力距离的前因变量

| | 变量 | 代表性内容 | 学者 |
| --- | --- | --- | --- |
| 前因变量 | 谦卑型领导 | 谦卑型领导对权力距离具有显著的正相关关系 | 刘美姣，等（2019） |
| | 员工—组织关系 | 显著负向影响 | 夏远，等（2020） |

续表

| 变量 | | 代表性内容 | 学者 |
|---|---|---|---|
| 前因变量 | 情绪智力 | 情绪智力对权力距离具有显著的负向影响 | 张帆，等（2017） |
| | 职场性骚扰 | 显著正向影响 | 祝庆，等（2014） |
| | 经济发展水平、教育普及程度 | 经济发展水平和教育普及程度均对权力距离具有负相关影响 | 廖建桥，等（2013） |
| | 性别差异、代际差异 | 性别差异、代际差异对权力距离产生影响 | 王敏（2017） |
| | 下级评估 | 下级评估对权力距离具有显著的负向影响 | 沈挺（2010） |
| | 个人主义、集体主义 | 个人主义和集体主义均对权力距离具有影响作用 | Hofstede（1986） |

### 2.5.3 权力距离的结果变量

通过文献梳理分析后发现，对于权力距离的感知会给组织和个体带来一定的影响，比如负向影响组织的复原力、负向影响员工的建言行为等，但对于个体的影响则更为常见，主要表现为权力距离对员工情绪、心理特征、员工行为、工作绩效四个方面。

何奎与刘文昌针对企业抗风险能力提升需求的增加，依据权力分配等理论，对11家锦州的公司派发问卷，回收有效问卷473份，实证分析表明，权力距离与负性情绪、组织复原力的相关系数值分别为 $r=0.339$、$r=-0.258$，权力距离显著正向影响负性情绪，权力距离显著负向影响组织复原力。领导与员工对于权力距离的体会同步时，沟通比较顺畅，这也符合相似性吸引理论的内涵。应消除企业中的领导者和员工之间对于权力距离感受的差距，激发员工的积极情绪，产生更多有利于企业发展的正向行为（何奎，等，2020）。

黄凤羽和王晨以居民税收道德为研究载体，通过相关分析认为，权力距离分别对税收道德、腐败容忍度产生负向及正向影响。对税收自由裁量权的制约及相关权力的监督显得尤为重要，这就要求压实自由裁量权的弹性空间，构建良好的互动体系，运用先进的区块链技术创设信用机制（黄凤羽，等，2020）。

曹倩等以企业中的159名员工为调查对象，通过层级回归的数据分析方法表明，权力距离的感知会影响实际权力，权力距离对捐赠意愿产生影响，对其有一定的预测作用。（曹倩，等，2018）。

张光磊等运用调节匹配理论，以三亚市某国有企业为研究对象，开展案例调查研究，结果表明，权力距离感知的领导成员差异、代际差异、个体差异均对员工绩效产生不同的影响。故而，建议管理者结合不同场景，权变管理做好价值观的匹配，采取高质量人力资源培训促进组织或团队的高效运行，识别代际差异探索积极有效的应对策略（张光磊，等，2018）。

刘生敏基于积极领导学的理论，探讨权力距离与抑制性建言之间的内在逻辑关系，选择了南方的7个行业中的11家公司里的员工进行学术调查，经过深入调查，得到团队领导有效问卷77份，员工有效问卷517份，对数据进行多层次回归分析后发现，权力距离对抑制性建言具有显著的负相关关系，权力距离对负面预期具有显著的正相关关系。管理者应对员工的建言行为进行积极引导，启动其进言意愿，并与员工开展有效的沟通与交流，给予其真诚的支持、关心，消除社会距离，优化绩效考评体系，管理者应与员工共同谋划企业未来的发展大计（刘生敏，2016）。

通过采用自填问卷的方式对韩国的1153名高技能员工进行了调查，把732份数据运算后显示，员工沉默行为的产生与权力距离的作用有关（Dedahanov, et al.，2016）。

吴沙沙和顾建平分两个阶段发放调查问卷，共回收有效问卷172份，统计分析后表明，权力距离对创新构想的产生的相关系数 $\beta=-0.470$，说明二者具有显著的负相关关系；权力距离对创新构想的执行的相关系数 $\beta=0.895$，说明二者具有显著的正相关关系。因此，要求企业在员工的创新行为方面，一方面，给予员工创新更多的时间和自由，减少压力和硬性约束，激发员工创新热情和创新活力；另一方面，制定严格的规章和制度，加强对员工的监督和指导，制定有效的奖惩措施，以取得更多的成果转化。管理者应本着人岗相宜的原则，积极推进员工创新行为的发展（吴沙沙，等，2015）。

章惠敏等以情感事件理论为基础，分两轮对招募的企事业单位员工进行自愿问卷调查，对样本数据统计分析后结果显示，工作愤怒会受到权力距离的正向作用。对于当前的组织管理有一定的启示，要求企业在人岗设置与匹配上面不断优化配置，密切协调与沟通，重视员工的情绪管理，建立健全有效的反馈制度，依据员工的权力距离感知进行相适应的任务匹配，促进组织日常的良性运营（章惠敏，王震，邹艳春，等，2019）。

谭新雨和刘帮成在当前创新驱动的中国背景下，以多地的国有企业为研究对象，得到219套有效配对样本，数据分析显示，员工个体层面上的权力距离感知会引起心理特征的差异，影响员工的自我效能感（谭新雨，等，2017）。同样，张怡凡等依据权力依赖的理论，以高科技企业的员工为研究对象，得到239份配对样本数据，分析结果表明，悬殊的权力差异会对心理依赖产生正向影响（张怡凡，等，2019）。由以上可以推知，高权力距离感知的员工对领导心理依赖程度高，自我效能感（自信）相对较低，反之亦然。因此，推断权力距离感知可能会对心理能力造成影响（表 2.27）。

表 2.27 权力距离的结果变量

| 变量 | 代表性内容 | 学者 |
| --- | --- | --- |
| 负性情绪、组织复原力 | 权力距离显著正向影响负性情绪，权力距离显著负向影响组织复原力 | 何奎，等（2020） |
| 税收道德、腐败容忍度 | 分别产生负向影响、正向影响 | 黄凤羽，等（2020） |
| 实际权力、捐赠意愿 | 权力距离的感知会影响实际权力，权力距离对捐赠意愿产生影响，对其有一定的预测作用 | 曹倩，等（2018） |
| 员工绩效 | 权力距离感知的领导成员差异、代际差异、个体差异均对员工绩效产生不同的影响 | 张光磊，等（2018） |
| 抑制性建言、负面预期 | 分别对其有显著的负相关、正相关关系 | 刘生敏（2016） |
| 员工沉默 | 权力距离会导致员工沉默的发生 | Dedahanov, et al.（2016） |
| 员工创新行为 | 显著影响 | 吴沙沙，等（2015） |
| 工作愤怒 | 权力距离对工作愤怒具有显著的正向影响 | 章惠敏，等（2019） |
| 自我效能感 | 权力距离感知会引起心理特征的差异，影响员工的自我效能感 | 谭新雨，等（2017） |
| 心理依赖 | 悬殊的权力差异会对心理依赖产生正向影响 | 张怡凡，等（2019） |

## 2.5.4 权力距离的调节作用

权力距离是个体对权力分配不平等的认可程度。员工沉默行为是员工感觉自己位卑言轻，自认为无力对现实作出改变，怕破坏与同事、领导之间的关系，对组织淡漠，不发表建议，消极顺从。就当前时期而言，沉默行为则普遍存在于中国的企业员工之中（郑晓涛，等，2008），而权力距离作用背景下的心理状态也更为复杂多变（陈丽金，唐宁玉，2019）。高权力距离的个体倾向于服从和忠诚，自我控制欲更强，倾向于沉默表达（张光磊，等，2018），自主激励的间接效应更强（Zhang, et al., 2020），更加认可和看重等级和权威，易感知建言的压力、挑战和风险（詹小慧，等，2019），故而加重了员工沉默行为。同时，权力距离的感知会影响实际权力（曹倩，等，2018），实际权力使人们对自身的技能与能力充满信心，进而增强个体的自我效能信念，扩大个体的心理效应（Anderson, et al., 2010），而工作中员工对领导的依懒性强，自主运作权力能力较弱，使得员工个体更加不自信，容易悲观、消极，产生一系列的心理问题；而低权力距离的个体强调平等，易加剧威权领导对 LMX 的负向影响（Siddique, et al., 2020），然而，在相对民主的领导或组织氛围内，强调相互尊重、强调自由，则会促使员工个体积极参与管理，积极为组织的发展建言献策，希望享有话语权，愿意提出意见和建议（毛畅果，等，2020），提升员工积极向上的自信，增加心理的正能量。组织扁平化的结构，更加需要低权力距离的员工个体参与管理，以提升组织效率。

综上可知，对于权力距离的感知这种心理效应，会实现向现实行为的转移，直至对实际的权力造成影响，作用于自我效能（自信），并且权力距离也会对企业员工的自信心（心理资本的维度）产生直接影响（文巧甜，等，2020），同时高权力距离的个体更倾向于沉默表达。因此，权力距离的个体差异会对员工沉默行为与心理资本之间起到调节作用。

### 2.5.5 小结

目前，对于权力距离的研究涉及多个学科领域，对于其含义的释义主要集中在国家社会层次和组织个体层次。个体对权力在不同阶层的人员之间分配不均的接受程度（Dorfman, et al., 1988），也正是本研究所要着重关注的。

通过文献阅读发现，对于权力距离的维度划分方面的研究进展较小，大多数采用 Dorfman 和 Howell 开发的单一维度量表，因此本研究并未对该变量的维度与测量进行单列而集中探讨。我们发现，大多数学者把权力距离作为调节变量来设置，仅有一小部分对结果变量的零星探索，很少有关于对其前因变量的研究（刘美姣，等，2019），主要体现在领导风格、个体差异、组织环境等因素对于权力距离的前因作用上。在权力距离的结果变量的梳理中，发现对于权力距离的感知会给组织和个体带来一定的影响，比如影响组织的复原力以及员工的建言行为等等，但其给个体带来的影响更为常见，主要表现在权力距离对员工情绪、心理特征、员工行为、工作绩效四个方面。员工个体层面上的权力距离感知会引起心理特征的差异，进而作用于自我效能感（谭新雨，等，2017），而自我效能感（自信）是组成心理资本的重要维度（Luthans, et al., 2007）。同时，依据权力依赖理论推知，高权力距离感知的员工对领导心理依赖程度高，自我效能感（自信）相对较低（谭新雨，刘帮成，2017），反之亦然。权力距离也会对企业员工的自信心（心理资本的维度）产生直接影响（文巧甜，等，2020）。由此推断，权力距离可能会对心理资本造成影响。另外，就当前时期而言，中国是具有相对较高权力距离的国度，权力距离作用背景下的社会心理状态也更为复杂多变（陈丽金，等，2019），在此背景下，企业员工的沉默行为则更为常见（郑晓涛，等，2008），其中，高权力距离的个体倾向于服从和忠诚，自我控制欲更强，倾向于沉默表达（张光磊，等，2018）。就员工个体而言，权力距离感知高的员工，习惯于服从领导权威及认可权力等级不均，又自感位卑言轻，为了妥善处理与领导者及同事之间的关系，对企业存在的问题及未来的发展倾向于保持沉默；同时，这类人群有不平等、不自由的认知，过于依赖上级领导的指导，致使自主权及决策权较弱，行事谨慎犹豫，缺乏自信心，工作中的心理能力不足，影响员工绩效水平。

对于具有沉默行为的企业员工，组织可通过降低其权力距离的感知程度获得较高的心理资本水平，进而提升员工绩效。基于这个主效应研究模型，实证研究权力距离对员工沉默行为和心理资本之间的调节作用。

## 2.6 目前的研究不足

### 2.6.1 将员工沉默行为作为自变量的研究不足

整体相对而言，学界对于员工沉默行为这一方向的探索与研究涉及较少，并且多数集中于将其作为"果"来研究。例如，组织层面的考核奖惩标准、工具主义伦理氛围、组织气氛等；领导层面的辱虐管理、权力距离倾向等对其影响；还有心理安全感、自恋人格等员工个体层面的因素，当然也有将其作为中介变量进行研究的。然而，我们发现有较少学者将其作为"因"来研究的。也即，把员工沉默行为作为独立自变量，对其后续影响因素进行较为深入的实证研究，是本研究有待进一步探索的方向。

当员工沉默行为产生后，同事关系、组织关系、上下级关系变得更为复杂，使组织与员工之间缺乏有效沟通（何轩，2009），双方信息不对称，真实想法难以自由表达，在长期的压制、冷漠、慎言、无视等不良状态下，在权衡纠结得失中，很容易就滋生焦虑、紧张、抑郁、失眠等不良心理，把正常的工作和交流看作一种负担，进而影响绩效及组织效益的提高。

因此，我们重视员工沉默行为的来源，更应该重视员工沉默行为的走向。积极正视中国背景下的"关系"处理，持续推进"关系"层面上的心理研究，努力提升心理过程中的绩效产出。

### 2.6.2 员工沉默行为对个体自身的影响研究不足

当前对员工沉默行为的研究，大体主要集中在两个方面：一是组织和领导因素对该负性行为的影响，涉及组织文化及领导特质等；二是该负性行为对组织整体的影响，包括企业绩效、创新环境、竞争力等。然而，员工沉默行为对于员工自身的影响仅有少数学者开始关注（仵凤清，等，2018），如身心倦怠、缺乏控制感、滋生心理障碍等（何轩，2009；张健，2011；刘巨钦，等，2012），这些消极的心理状态会对自身绩效甚至职业发展产生负面影响。

因此，在中国高权力距离的文化背景下，员工的行为、心理等比较压抑，关注员工沉默行为对于员工自身心理、自身绩效、自身职业发展的影响具有深远的理论及现实意义。

### 2.6.3 员工沉默行为与心理资本间的调节作用机制研究不足

随着学者们对员工沉默行为的深入研究，发现其对个体自身的影响是更为直接的影响，对组织整体的发展的作用显著。然而，此前的研究往往把信任作为组织氛围的一个维度来研究，而较少将组织中的信任作为独立变量探讨对员工行为、心理、态度、绩效水平等的作用机制（李宁，等，2007），且权力距离作用下的心理状态更为复杂多变（陈丽金，等，2019），高权力距离感知的员工倾向于服从和忠诚，倾向于沉默表达（张光磊，等，2018）。

资源保存理论认为，人们会努力获取及保护自身认为的有价值的资源，一旦遭遇风险将做综合权衡。社会交换理论认为，交换关系无非就是经济、社会交换，但信任都是其基础。

因此，依据以上理论我们认为，当员工处于员工沉默的氛围中时，综合权衡后会大致对自身的心理造成积极和消极两个方面的变化。一方面，当员工缺乏组织信任及处于高权力距离倾向的情况下，对自我要求预期不高，容易带来悲观、漠视、挫败感等消极心理；另一方面，当组织信任程度高及处于低权力距离倾向时，把企业及管理者看作"知己"，甘于奉献和默默付出，对待工作的心理状态良好，心态积极乐观、充满活力和希望。所以，本研究认为，组织信任和权力距离在员工沉默行为与心理资本之间具有调节作用。

本研究通过梳理变量的含义、维度测量、前因变量、结果变量的作用等，试着寻找变量间的内在联系，以此对员工沉默行为、心理资本、员工绩效和组织信任、权力距离的关系进行深入研究，发现当前学术界对一些研究问题尚存在不足，通过半结构化访谈进行初步探索，实证分析变量间的关系，以期弥补当前研究的不足。

# 第 3 章 研究假设及问卷预测试

## 3.1 初期研究框架的探索

通过梳理国内外研究的文献资料中关于员工沉默行为、心理资本、员工绩效之间的作用原理,认为依据员工沉默行为的三个维度划分(郑晓涛,等,2008),员工沉默行为大致会在三个途径中传导和发生反应(即员工与领导之间、员工与同事之间、个体和企业组织之间),通过降低心理资本的水平,拉低员工绩效。所以,初期研究框架主效应如图 3.1 所示。

员工沉默行为 → 心理资本 → 员工绩效

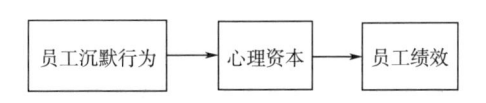

**图 3.1 初期研究框架主效应**

本研究采用访谈的形式,通过个人关系,对部分企业中的管理者及普通员工进行了尝试性探索,共涉及 11 个访谈题项。

### 3.1.1 验证了员工沉默行为对心理资本的影响可能存在

本研究对访谈的资料进行分析,进行开放式编码整理,把初级编码再整合为关联式编码,最后汇总归纳为核心式编码。形成 12 个开放式编码码号,4 个关联式码号和 1 个核心式码号(表 3.1)。

本研究中的受访者在列举员工沉默行为的表现时,主要包括一些明显事例,如"眼神呆滞麻木""做事情提不起精神""领导让发言时沉默不语""有问题都不讲,一团和气"等,受访者 1、6、7 认为,自己对于公司发展的建议还是保留为好,毕竟人际关系比较复杂,虽是为了公司将来更好地发展才有此建议想法,但是不知道领导的想法是什么,怕说不好而得罪领导,被说成多管闲事,也怕这些发展建议触动一些人的既得利益,影响同事之间的团结,更怕他们伺机排挤报复,可能会出力不讨好,出于自我保护的心理,还是不说为好;受访者 4、5 认为,个人位卑言轻,说了也是白说,生气、情绪低落不值得,领导想怎么干就怎么干,不参与,实在不行就走人,服从管理者的安排,让做啥就做啥,企业赚不赚钱又不用操心；受访者 2 认为，组织发展的好与坏跟自己没有关系，做好本职内的工作，挣应得的薪酬，真出现困境了会有"个子高的"顶着呢。而受访者出现或者面对员工沉默行为时，组织氛围压抑，会对领导和组织以及自己失去信心，自我感知缺失，滋生悲观情绪，失去斗志和希望，敏感且耐挫能力差，对心理资本产生较大的负面影响。所以，基于以上分析认为，员工沉默行为对心理资本的影响可能存在。

表 3.1 员工沉默行为对心理资本的影响编码表

| 开放式编码 | 关联式编码 | 核心式编码 |
| --- | --- | --- |
| 1.1 有什么问题大家伙都不讲，一团和气，怕其他人不高兴，怕影响团结<br>1.2 组织氛围压抑，感觉对领导和企业甚至自己的发展没有太多信心<br>1.3 自己位卑言轻，没人把我当颗菜 | 1 对领导、企业、自己的发展没有太多信心 | |
| 2.1 可能会出力不讨好，出于自我保护的心理，还是不说为好<br>2.2 让做啥就做啥，企业赚不赚钱又不用咱操心<br>2.3 做事情提不起精神来，比起刚工作时的斗志昂扬差远了，感觉没希望 | 2 缺乏斗志，提不起精神来，感觉没希望 | 对未来发展缺乏信心、感觉没有希望、敏感且耐挫能力差、悲观失落 |
| 3.1 不多管闲事，若被领导和同事排挤后，就很难立足<br>3.2 提一次建议被批一次，何苦来着，以后不说了，保持沉默<br>3.3 在企业里工作压抑，组织没有生气，自己感觉对很多事都敏感，且耐挫能力差 | 3 提一次建议被批一次，对环境敏感，且耐挫能力差 | |
| 4.1 组织发展的好与坏跟自己没有关系，做好本职内的工作，挣应得的薪酬<br>4.2 说了也是白说，悲观、生气、情绪低落不值得<br>4.3 领导想怎么干就怎么干，不参与，实在不行就走人 | 4 说了也是白说，悲观生气，情绪低落不值得 | |

### 3.1.2 验证了员工沉默行为对员工绩效的影响可能存在

本研究对访谈的资料进行分析，进行开放式编码整理，把初级编码再整合为关联式编码，最后汇总归纳为核心式编码。形成 4 个开放式编码码号，2 个关联式码号和 1 个核心式码号（表 3.2）。当对这些接受访谈的人员分别交谈后汇总发现，这些人员不约而同地认为，员工沉默行为会给个体的绩效带来比较大的负面影响。我们在访谈中注重对员工沉默行为影响过程的询问。易受员工沉默行为氛围影响或本身具有沉默行为的员工，绝大多数人员在无内在或外在激励的情况下，会得过且过，不对未来抱有较大幻想和希望，工作中不求有功但求无过，标准不高，满足基本要求即可，不关心人际环境，只是按时对标完成任务，缺乏创造，绩效水平一般甚至较差；而一部分员工则逆行而上，在内在需求和外在激励下，积极进取努力工作，寻求创新和突破，善于人际关系处理，正向积极回应领导及组织要求，以期谋得晋升或利益需求。所以，基于以上分析认为，员工沉默行为对员工绩效的影响可能存在。

表 3.2 员工沉默行为对员工绩效的影响编码表

| 开放式编码 | 关联式编码 | 核心式编码 |
| --- | --- | --- |
| 1.1 单位上的情况比较复杂，我做好自己职责内的工作，与其他人的关系过得去就好<br>1.2 组织环境压抑，人际关系处理起来也是比较棘手的 | 1 对人际关系处理有影响 | 对人际关系处理、工作目标达成有影响 |
| 2.1 外在条件不具备，大家的心劲没向一个方向使，工作中不求有功但求无过，标准不高<br>2.2 只是按时对标完成任务，工作满足基本要求即可，创新不创新的不大要紧 | 2 对工作目标达成有影响 | |

### 3.1.3 验证了心理资本对员工绩效的影响可能存在

本研究对访谈的资料进行分析，进行开放式编码整理，把初级编码再整合为关联式编码，最后汇总归纳为核心式编码。形成 4 个开放式编码码号，2 个关联式码号和 1 个核心式码号（表 3.3）。受访者均认为，心理资本正向作用着员工绩效的两个维度。受访者 3、6、8、9 认为，积极的心理能力有利于克服工作中的困难，即便压力增加、事务繁杂，很长一段时间见不到成效，也会毅然坚守工作岗位，对公司的发展充满信心和希望；受访者 2、7、10 认为，工作中难免会遇到很多的挫折，面临一系列的问题，在与人打交道的过程中总会产生一些摩擦和不愉快，但要善于调整心态，宽以待人，巧妙化解工作中的难题，增加抗压能力，调整好心情，积极从摔倒的地方爬起来，总能看到光明的一刻；受访者 1、5 认为，员工个人的心态比较积极，能够给周围的同事带来正向效应，不仅有利于员工个体效率的提升，也有利于整个公司效益的增长。所以，基于以上分析认为，心理资本对员工绩效的影响可能存在。

表 3.3　心理资本对员工绩效的影响编码表

| 开放式编码 | 关联式编码 | 核心式编码 |
| --- | --- | --- |
| 1.1　善于调整心态的员工，宽以待人，比较能巧妙化解工作中的难题<br>1.2　积极的心理能力有利于克服工作中的困难，工作压力增大，会毅然坚守岗位，即使短时间内不一定见到成效 | 1　妥善处理工作问题 | 妥善处理工作问题、巧妙化解人际矛盾 |
| 2.1　心理能力强的人，能够妥善处理工作中的一些人与人之间的摩擦和不愉快<br>2.2　人的心态比较积极的话，就能够给周围的同事带来正向效应 | 2　巧妙化解人际矛盾 | |

### 3.1.4　验证了组织信任在员工沉默行为与心理资本之间的调节作用可能存在

本研究对访谈的资料进行分析，进行开放式编码整理，把初级编码再整合为关联式编码，最后汇总归纳为核心式编码。形成 4 个开放式编码码号，2 个关联式码号和 1 个核心式码号（表 3.4）。作为企业的中低层管理者，受访者 1、2、5、6、9 认为，员工沉默行为发生后，且企业与员工之间的信任关系越强时，基于社会交换关系中的反馈心理，更容易把组织和领导当作"知己"，信心满满，侃侃而谈；作为企业的高层管理者，受访者 3、8 认为，他们比较了解公司的运营及领导的决策部署，组织信任水平比较高的时候，一方面，他们积极配合上级领导者的决策，带领同事推进工作；另一方面，"求同存异"保留意见。所以，基于以上分析认为，组织信任在员工沉默行为与心理资本之间的调节作用可能存在。

表 3.4　组织信任在员工沉默行为与心理资本间的调节作用编码表

| 开放式编码 | 关联式编码 | 核心式编码 |
| --- | --- | --- |
| 1.1　领导那么信任我，我一定好好工作，多关心企业的发展，积极奉献<br>1.2　管理者把我当兄弟看待，我也早已把他们当作自己无话不谈的"知己" | 1　无话不谈 | 组织信任可让员工敞开心扉畅谈，满怀期待工作 |
| 2.1　我与公司、领导之间的信任关系越来越强，工作起来信心满满<br>2.2　我对组织的未来充满期待，能克服很多困难 | 2　充满期待 | |

## 3.1.5 验证了权力距离在员工沉默行为与心理资本之间的调节作用可能存在

本研究对访谈的资料进行分析，进行开放式编码整理，把初级编码再整合为关联式编码，最后汇总归纳为核心式编码。形成6个开放式编码码号，2个关联式码号和1个核心式码号（表3.5）。将访谈题项"您认为，降低员工的权力距离感知水平，能否降低或者消除员工沉默行为的产生"与受访者进行讨论。受访者4、6认为，员工权力距离感知水平的降低，让员工感知到自由、平等、参与的"快感"，可以有效增加与领导沟通及交流意见的机会，可以设身处地与管理者换位思考，为组织的发展积极建言献策，指点"江山"；受访者2、5、7、10认为，权力距离感知水平低的员工一样可以存在沉默行为。因此，员工权力距离感知水平的降低并不一定能消除员工沉默行为，但可以减弱员工沉默行为的强度，增强员工魄力，心态上积极乐观，可以勇敢无畏地面对一切。所以，基于以上分析认为，权力距离在员工沉默行为与心理资本之间的调节作用可能存在。

表 3.5 权力距离在员工沉默行为与心理资本间的调节作用编码表

| 开放式编码 | 关联式编码 | 核心式编码 |
|---|---|---|
| 1.1 公司的领导也是人，随便聊天，他还能把咱给吃了呀 | | |
| 1.2 管理者主动跟自己打招呼、说话，挺亲切的，没有官架子，有啥想法就直接告诉他了 | 1 影响沟通 | |
| 1.3 有时候感觉领导人挺严肃的，不太敢跟他讲话，更不敢提建议，做好本职工作即可 | | 权力距离影响沟通、影响心理 |
| 2.1 在公司做个项目都需要层层报批，感觉很吃力，工作起来没多大意思 | | |
| 2.2 我对自己未来的晋升不报太大的希望了，公司的层级复杂，有点迷茫 | 2 影响心理 | |
| 2.3 领导比较欣赏我，私交挺好的，比较喜欢企业的平台，自身会变得更强大 | | |

## 3.2 研究目标

以中国的企业员工为调查对象，通过文献梳理，构建了由5个变量组成的研究模型，目的在于探讨怎么样才能降低员工沉默行为与员工绩效之间的负向关系，通过组织的努力和增强员工的心理能力及提高组织信任水平、降低员工权力距离提升员工绩效及组织整体效益，增强企业的竞争力。本研究主要解决以下几个问题：

（1）检验心理资本的中介效应。

①员工沉默行为与心理资本。

②员工沉默行为与员工绩效。

③心理资本与员工绩效。

（2）组织信任在员工沉默行为与心理资本之间的调节作用。

（3）权力距离在员工沉默行为与心理资本之间的调节作用。

本研究认为，员工可能出于个人绩效的考虑而选择沉默，然而其沉默行为却成为个人取得良好绩效的障碍。当沉默行为产生后，员工的控制感相应降低，心理压力增大，容易产生抑郁、自卑、焦虑等不良情绪进而影响个人绩效（仵凤清，等，2018）。同时，员工对组织的归属感低，在日常工作中缺少自信和勇气，降低工作满意度和积极性，最终拉低员工绩效。当权力距离感知降低，组织信任上升时，就可节约成本、减少损失，创造融洽、和谐的组织氛围，提升员工工作投入的热情和积极性、自信心和勇气，更多地参与管理事务，提升员工绩效水平。

## 3.3 研究模型与假设

在文献梳理中，对变量之间的关系进行逻辑推理和阐述，形成对模型的原始架构，然后通过访谈，形成初步研究模型并提出假设（图3.2）。

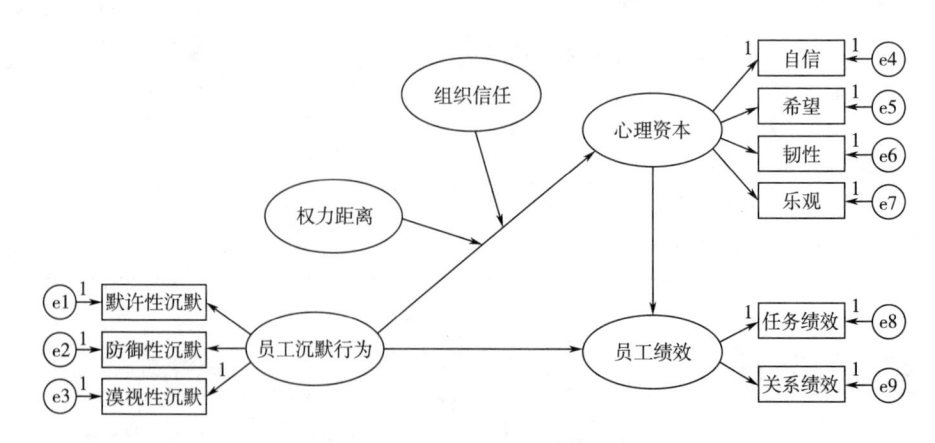

图 3.2 理论假设模型图

### 3.3.1 员工沉默行为与心理资本

近期的新行为主义理论认为，行为的保持或者强化，会对心理动机以及自信、意愿、心情等心理因素产生影响。而行为的改变可以改变人的信念、心理期待，心理过程的正面影响，会对行为进行适时调适（李明德，2019）。依据内在动机理论的阐释，来自组织的信任、员工的相互支持等，更容易调动个体的内在动机。意识到可以通过努力工作取得较好的绩效进而实现成长，自我效能（信心）、希望、韧性、乐观随之增加。员工积极的心理状态和心理特质显著预测着个体的行为和态度（Avey, et al., 2010）。个体行为在高认知的指导下，可以积累积极的心理能量，发挥个体潜能，提升整体绩效水平（郑立勇，等，2016）。但是，员工作为企业组织中大量信息的知情者，在产品创新、危机问题、绩效提升以及企业中存在的一系列问题，拥有最切身的直观体会，也最有话说，并且能直接指出问题症结所在，为组织的决策可提供宝贵的一线信息。然而，受复杂负面反馈因素的影响，由于某些原因会表现出反应式沉默（周路路，等，2011），当员工个体感受到组织环境或者氛围发生变化时，又会以此调整心理和行为（邹艳春，等，2018）。当前，世界局势复杂多变，企业面临经济转型，组织内部环境敏感，长期的沉默行为致使员工产生各种复杂的心理问题（郑立勇，等，2019），而负向行为会对员工心理造成消极的影响（孙秀明，孙遇春，2015）。同时，也会出现许多负向表现，比如心理紧张和工作倦怠等（Elliot, et al., 1994），影响组织决策和创新。随着市场经济的转型升级，竞争压力加大，员工沉默行为等负性行为的存在较为普遍且影响深刻，员工要处理工作和生活中的各种复杂问题，容易身心疲惫而表现出对工作的无力感，消极适应和顺从，对工作中遇到的困难产生抵触，缺乏自信心，态度悲观，有很强的挫折感、迷茫、消极，看不到未来发展的方向和希望。同时，缺乏自上而下和自下而上的有效沟通，无力感可能会转换成一种对领导或组织依恋、归属、认同不够的孤独感，个人目标的实现不能很好地与组织愿景切合在一起，使个人的奋斗缺少动力、希望，一旦遇到困难，自觉孤立奋战，缺少安全感，自信心和乐观程度不够，并且在受到挫折后较难在短时间内恢复。最后，孤独感的增长会让员工感觉自己和他人不过是一个个独立的个体存在，没有凝聚力、集体意识、向心力，更多的是利益的纷争，随着自卑心理加重，害怕个人的利益受损，害怕自己被人伤害后一蹶不振，促使危机感和自我保护的防御心理增强，一旦遭受挫折打击，易加重心理负担，导致自我认知失调，难以平常心对待，难以摆脱困境。

根据以上分析，我们提出如下假设：

H1：员工沉默行为对心理资本具有显著的负向影响

H1-1：默许性沉默对心理资本（自信）具有显著的负向影响

H1-2：默许性沉默对心理资本（希望）具有显著的负向影响

H1-3：默许性沉默对心理资本（韧性）具有显著的负向影响

H1-4：默许性沉默对心理资本（乐观）具有显著的负向影响

H1-5：防御性沉默对心理资本（自信）具有显著的负向影响

H1-6：防御性沉默对心理资本（希望）具有显著的负向影响

H1-7：防御性沉默对心理资本（韧性）具有显著的负向影响

H1-8：防御性沉默对心理资本（乐观）具有显著的负向影响

H1-9：漠视性沉默对心理资本（自信）具有显著的负向影响

H1-10：漠视性沉默对心理资本（希望）具有显著的负向影响

H1-11：漠视性沉默对心理资本（韧性）具有显著的负向影响

H1-12：漠视性沉默对心理资本（乐观）具有显著的负向影响

### 3.3.2　心理资本与员工绩效

根据社会认知理论，人是有思想的，会主观能动性地面对一些事物，产生一些知觉和思考，并对其释读和解释，这种释读和解释影响其社会情境中的行为方式（Direnzo, et al., 2011）。心理资本就是人们在面对各种事情中产生的知觉、状态、思考，是否对员工绩效产生一定的影响是一种社会情境中的行为方式。心理资本对于工作的产出是一项重要的影响因素（焦念涛，郑向敏，2019）。所以，从理论上看心理资本与员工绩效具有较高的相关性。若员工的心理安全感高，他们就会对组织有所期待，期待通过自身的奋斗获得高的绩效评价（段锦云，田晓明，2011），可以看出正向而积极的心理能量可满足员工的真实需求，由此，学者们运用美国的理论基础，探讨了中国背景下企业员工的积极心理资本与员工绩效的关系。实证分析后，初步证明了希望、韧性、乐观等心理资本维度对员工的绩效产生的显著相关影响。认为应加强对心理资本的投资、开发、利用，提高人力资源的绩效（Luthans, et al., 2005）。研究表明，总体上表现出的积极的组织行为，特别是心理上的积极的组织行为可以增强创造力。因此，开发和利用员工的心理资本对于创新绩效的改善意义重大（Sweetman, et al., 2011）。同时，依据心理资源理论（Fredrickson, 2001），某些积极情绪具有拓宽人们瞬间思维和行动的能力，心理资本代表着个体的积极的心理资源，当员工拥有心理资源时，为了实现目标会积极地投入工作中（仲理峰，等，2013），进而推动绩效的发展。心理资本是一种良好的心理要素，这种心理要素能够激发个体在工作中的积极的工作行为，保持较好的精神状态，心理资本可以提升工作绩效和保持个体的工作满意度（Avolio, et al., 2004）。心理资本和组织支持是员工追求高绩效的前提和必要特征。员工自我效能感与任务绩效和情境绩效相关，自我效能感低的员工认为努力工作未必带来预期成果，而放弃或者减少工作投入；自我效能感高的员工对工作及周边环境有信心，不断自我激励，提升绩效。希望是意志与行动的统一体（Snyder, 2002）。坚强的意志可以让员工对工作持之以恒，将更多的精力投入增加绩效的实际行动中。员工的内心充满希望，在工作中会将决策与执行结合得更为紧密，容易作出更大成绩。乐观的员工，心态比较积极，将成功归因于自我的稳定付出，将失败归因于外部因素暂时影响，绩效的提升非短期行为，如果某阶段未取得理想绩效成果，乐观的员工会将其归因于外部短暂性因素影响，不会否定自我，反而更加注重增强自身综合能力；如果某阶段绩效比较理想，就会更积极乐观投入工作，设定更高绩效预期，进一步提升绩效水平。韧性是面对顺境和逆境的心态，高韧性的员工心境平稳积极，顺境中从容淡定，可保持持久的定力积极推进绩效提升；逆境中扛起责任，迅速复原，化压力为动力实现绩效的稳中求进。本研究认为，拥有积极心理能力的员工对工作充满自信和希望，遇到困难能以乐观的心态积极应对，勇于承担责任，顽强拼搏，主动而高效地完成组织交办的各项工作任务，且团队协作好、集体意识强，带动周边员工成长及加快相关工作进程，进而推动组织的整体发展。Luthans等通过心理资本干预实验认为，对心理资本的短期干预有助于绩效水平的提升（Luthans, et al., 2010），员工心理资本投入越多、投入越深，他们的绩效水平就会提高越多，促进员工绩效显著增长（Ngwenya, et al., 2020）。并且积极的心理资本确实是员工绩效的一个重要而独特的预测因子（Luthans, et al., 2008）。综上可知，心理资本对员工绩效是一种正向而积极的心理变量。

根据以上分析，我们提出如下假设：

H2：心理资本对员工绩效具有显著的正向影响

H2-1：心理资本（自信）对任务绩效具有显著的正向影响

H2-2：心理资本（自信）对关系绩效具有显著的正向影响

H2-3：心理资本（希望）对任务绩效具有显著的正向影响

H2-4：心理资本（希望）对关系绩效具有显著的正向影响

H2-5：心理资本（韧性）对任务绩效具有显著的正向影响

H2-6：心理资本（韧性）对关系绩效具有显著的正向影响

H2-7：心理资本（乐观）对任务绩效具有显著的正向影响

H2-8：心理资本（乐观）对关系绩效具有显著的正向影响

### 3.3.3 员工沉默行为与员工绩效

员工积极的建言行为有助于提升组织效率、增强组织学习能力和竞争力，会获得更高的组织和个人绩效评价（石冠峰，等，2014）。然而，管理者的某些不当表现，会导致员工沉默（Xu, et al., 2020）。员工的沉默行为减少了决策层对一些关键问题和关键信息的把握，影响了工作效率和组织效率（Tangirala, et al., 2008），将会给现代化的组织绩效造成很大的负面影响（席猛，等，2015），应健全高绩效工作系统积极防范、抑制和化解员工沉默行为（颜爱民，等，2020）。另外，默许性沉默对任务绩效有显著的负向影响，而亲社会沉默对任务绩效有显著的正向影响（Akcin, et al., 2018），同时，员工的沉默行为让员工自感地位卑微，存在感降低，久而久之缺乏沟通会疏远组织，无视领导和同事的存在，对组织缺乏信心和希望，疲于应付上级交办的各项工作，破坏团队和谐氛围，不利于组织集体目标的实现、创造力的提升以及员工绩效的改善。

由此，我们提出如下假设：

H3：员工沉默行为对员工绩效具有显著的负向影响

H3-1：默许性沉默对任务绩效具有显著的负向影响

H3-2：默许性沉默对关系绩效具有显著的负向影响

H3-3：防御性沉默对任务绩效具有显著的负向影响

H3-4：防御性沉默对关系绩效具有显著的负向影响

H3-5：漠视性沉默对任务绩效具有显著的负向影响

H3-6：漠视性沉默对关系绩效具有显著的负向影响

### 3.3.4 心理资本的中介效应

员工沉默行为会造成人的主观能动性低下，内心敏感、冷漠、消极，自信程度降低，滋生悲观、倦怠情绪等心理问题，不利于工作、生活积极性的提高，也会降低工作投入程度，一定程度上给员工的发展带来不良影响（何轩，2009）。同时，心理资本与员工的工作和生活息息相关，完全中介工作满意度与生活满意度的关系（Liao, et al., 2017），在情绪智力和工作绩效之间也起到中介作用（Gong, et al., 2019），完全中介着变革型领导与员工建言行为之间的关系（Wang, et al., 2018），且自我效能（自信）在员工建言行为与管理者自恋之间存在中介作用（Harrison, et al., 2020），而沉默行为与心理资本有负向作用（Yu, et al., 2016），且心理资本又与任务绩效显著相关（Udin, et al., 2020）。另外，具有沉默行为的员工可能会进行自我反思（如因意见有可能不受重视产生的默许性沉默维度），是否因为自身职位低、业绩不好等造成意见有可能不受重视的？感知到心理安全的员工更有可能表现出建言行为（Ge，2020），会自我激励、增强信心，产生提升工作积极性的心理能力，踏实作出成绩，促进个人发展和职位晋升。

由此，我们提出如下假设：

H4：心理资本在员工沉默行为与员工绩效之间具有中介效应

### 3.3.5 组织信任的调节作用

发现组织中存在的问题而不发声，是一种沉默行为，对组织中存在的问题提出个人建议可能要承担惩罚、报复、排挤等一定的风险，是一种冒险行为（Morrison，et al.，2015）。而信任与冒险行为呈正相关关系。组织信任是一种非常关键的心理状态，当员工对同事、对组织有更多的信任和认同感或者组织给予员工更多的信任时，信任会激发一种社会交换关系（Colquitt，et al.，2007），让员工产生对组织价值观的认同（韩雪松，2006），作为回赠，员工愿意打破沉默，参与到组织的积极管理中，员工感知到一种较高水平的社会交换关系，自我效能感和乐观的工作态度会更加明显，心理能力不断增强，对领导及工作充满信心，在工作的过程中有清晰的思路，能够进行创新工作内容和方式方法，容易找到乐趣和意义，员工的胜任力就能得到明显提升，充满希望与期待，以此促进绩效的发展。良性的发展增加了员工的组织信任感，组织信任提高企业的经营效益，对工作满意度、情感承诺与离职意向的关系存在强烈的调节效应（于海波，等，2007），而且对员工的心理状态、行为、绩效会产生正向影响（曾贱吉，等，2016），员工绩效水平会受到程序公平、信任程度等组织因素的调节（张铭，等，2015），而组织信任是影响员工建言行为的两种重要方式之一（段锦云，2011）。因此，本研究认为高的组织信任水平，显著影响员工沉默行为与员工绩效之间的负相关关系。组织信任水平高的员工，随着心理资本的增强，即使存在一定的员工沉默行为，但也能获得较高的员工绩效；而组织信任水平低的人，增加心理资本也会逐渐感到势单力薄，而保持员工沉默行为，会丧失工作的积极性和主动性，员工绩效水平也会降低。组织信任程度越高，组织对员工的期望也越高，员工沉默行为通过心理资本对员工绩效产生的影响则更显著。在高水平的组织信任程度下，员工沉默行为通过心理资本对员工绩效产生的影响比低水平的组织信任程度下产生的影响更为强烈。由此，我们提出如下假设：

H5：组织信任在员工沉默行为与心理资本的负向影响之间起到调节作用

### 3.3.6 权力距离的调节作用

权力距离用来描述个体对组织中存在的权力分配差异的接受程度，本研究旨在探讨员工个体权力距离感知，高权力距离感知的员工遵从与领导之间的等级差距，认同权力差距的合法性（Kirkman, et al., 2009），保持自己的从属地位，出于对领导的敬畏，较少发表言论和建议，且认为社会不平等是理所当然的，权力较小的人通常要依附于权力较大的人（Huang, et al., 2003），容易隐藏自己的想法。然而，低权力距离感知的员工对权力差异的敏感性较低，注重平等，强调个体的独立自由选择和主动性（Lee, et al., 2014），在工作中能够找到自信，积极主动提出不同建议，对组织中存在的问题以及组织将来的发展施加影响（龙静，等，2020），可提高外在激励的有效性，增强员工与组织利益合作的意愿（Yang, 2019）。中国的员工普遍具有高权力距离价值观（李树文，等，2020），领导和员工权力、距离感知是员工建言行为的重要影响因素（周建涛，等，2018），高权力距离取向对促进性建言与员工绩效的倒 U 型关系具有较为强烈的调节作用（Song, et al., 2019），而 Clugston 等的研究表明，个体的员工权力距离感知显著影响着心理能力（Clugston, et al., 2000）。由此，我们提出如下假设：

H6：权力距离正向调节着员工沉默行为与心理资本之间的负向影响

## 3.4 研究假设整理

本研究在文献综述的基础上，对员工沉默行为、心理资本、员工绩效、组织信任和权力距离之间的作用机制进行了有效分析，通过变量之间的关系讨论及逻辑推理，提出了理论假设，下一步将对假设进行实证检验分析。研究假设的具体内容，详见表 3.6。

表 3.6 研究假设列表

| 假设 | 内容 |
| --- | --- |
| H1 | 员工沉默行为对心理资本具有显著的负向影响 |
| H1-1 | 默许性沉默对心理资本（自信）具有显著的负向影响 |
| H1-2 | 默许性沉默对心理资本（希望）具有显著的负向影响 |
| H1-3 | 默许性沉默对心理资本（韧性）具有显著的负向影响 |
| H1-4 | 默许性沉默对心理资本（乐观）具有显著的负向影响 |

续表

| 假设 | 内容 |
| --- | --- |
| H1-5 | 防御性沉默对心理资本（自信）具有显著的负向影响 |
| H1-6 | 防御性沉默对心理资本（希望）具有显著的负向影响 |
| H1-7 | 防御性沉默对心理资本（韧性）具有显著的负向影响 |
| H1-8 | 防御性沉默对心理资本（乐观）具有显著的负向影响 |
| H1-9 | 漠视性沉默对心理资本（自信）具有显著的负向影响 |
| H1-10 | 漠视性沉默对心理资本（希望）具有显著的负向影响 |
| H1-11 | 漠视性沉默对心理资本（韧性）具有显著的负向影响 |
| H1-12 | 漠视性沉默对心理资本（乐观）具有显著的负向影响 |
| H2 | 心理资本对员工绩效具有显著的正向影响 |
| H2-1 | 心理资本（自信）对任务绩效具有显著的正向影响 |
| H2-2 | 心理资本（自信）对关系绩效具有显著的正向影响 |
| H2-3 | 心理资本（希望）对任务绩效具有显著的正向影响 |
| H2-4 | 心理资本（希望）对关系绩效具有显著的正向影响 |
| H2-5 | 心理资本（韧性）对任务绩效具有显著的正向影响 |
| H2-6 | 心理资本（韧性）对关系绩效具有显著的正向影响 |
| H2-7 | 心理资本（乐观）对任务绩效具有显著的正向影响 |
| H2-8 | 心理资本（乐观）对关系绩效具有显著的正向影响 |
| H3 | 员工沉默行为对员工绩效具有显著的负向影响 |
| H3-1 | 默许性沉默对任务绩效具有显著的负向影响 |
| H3-2 | 默许性沉默对关系绩效具有显著的负向影响 |
| H3-3 | 防御性沉默对任务绩效具有显著的负向影响 |
| H3-4 | 防御性沉默对关系绩效具有显著的负向影响 |
| H3-5 | 漠视性沉默对任务绩效具有显著的负向影响 |
| H3-6 | 漠视性沉默对关系绩效具有显著的负向影响 |
| H4 | 心理资本在员工沉默行为与员工绩效之间具有中介效应 |
| H5 | 组织信任在员工沉默行为与心理资本的负向影响之间起到调节作用 |
| H6 | 权力距离正向调节着员工沉默行为与心理资本之间的负向影响 |

## 3.5 测量变量

为了提升问卷测量的精度和效度，使用国内外较为成熟的员工沉默行为、心理资本、员工绩效、组织信任、权力距离5个变量量表。同时，依据研究需要，特邀请山东省某省属重点大学的两名经济学博士、两名管理学博士、一名文学博士、一名海外留学博士对量表题项进行逐一讨论，对部分量表进行英汉互译，也即使用了回译的方法（Brislin，1980）。经过仔细斟酌比对，最终确定预测试的问卷。全部的题项采用李克特5点计分测量。

（1）控制变量。

本研究将性别、年龄、职位类别等作为控制变量。

（2）自变量。

国内的郑晓涛等在前人研究的基础之上，综合各家核心的广泛而认可的说法，认为员工沉默行为就是员工本可以对当前的工作予以改善或提升，但却因各种缘由，不发表意见、少发表意见或有选择性地发表意见，把对企业有利的一些观点或者信息保留甚至给过滤掉了（郑晓涛，等，2008），在维度划分上将其划分为三个维度。

（3）中介变量。

有的学者把它被看作一种心理状态，并且这种状态是积极的、向上的、乐观的，其作为人力资源优势和心理能力可以提升工作绩效，共涵盖四个维度（Luthans，et al.，2007）。

（4）因变量。

对于员工绩效的界定，国内外学者并未形成统一的认识，目前比较普遍的观点是综合论，员工绩效是由结果和行为综合而成的（Paul，et al.，2004），也即结果论和行为论结合为一体的观点。借鉴邱菊（2019）在王辉等（2003）的基础上提炼删减后的员工绩效量表题项。

（5）调节变量。

对于组织信任的定义，员工与组织整体之间的信任（Nyhan，1999），是一种组织与员工之间的双向的信任关系，既包括员工对管理者、组织的信任，也包括管理者、组织对员工的信任与支持。

对于权力距离的定义，个体的体会是有差别的，其被定义为个体对权力在不同阶层的人员之间分配不均的接受程度（Dorfman，et al.，1988），本研究侧重于关注个体对权力距离的感知程度。

## 3.6 量表设计

量表的设计应在尽可能尊重被调查方隐私的情况下,避免文字错误和题项歧义,提高科学性、准确性、针对性、真实性,使量表题项匹配研究内容框架,保证量表的整体质量。

依据本研究的模型及研究假设,对员工沉默行为、心理资本、员工绩效、组织信任和权力距离5个变量进行研究,使用认可度高的成熟量表。通过访谈进行英汉回译及题项修订,形成本研究的预测试调查问卷。为了提升区分度,除了人口变量外,其他题目都使用 Likert 五点工具衡量:非常不同意=1,不同意=2,有点同意=3,同意=4,非常同意=5。

在量表设计的过程中,应避免以下情况:一是没有进行中西方差异化处理,不符合本地表达习惯及文化、环境等要素的需求;二是语义、词句等出现差别性错误;三是出现误导被调查者的题项;四是题项中带有明显涉及被调查对象隐私的内容;五是同源性偏差的负面影响问题。在此基础上,量表设计遵循以下设计步骤:

第一,精心筛选。对国内外相关文献中的相关变量进行针对性搜索,检验其适用性,界定其概念范围,多方比对筛选认可度高、被广泛采用且信效度较高的相对成熟量表。

第二,用心座谈。通过学术座谈会,特别邀请2名经济学博士、2名管理学博士、1名文学博士、1名海外留学博士对量表题项进行逐一讨论,对部分国外原始量表进行英汉互译,依据研究目的调整逻辑表达、习惯用语、词句、语序、语义等,注重隐私保护,斟酌比对,优化调整,删减补充,确定其适用性和科学性。

第三,专心测试。在精心筛选相对成熟量表的基础上,通过专家座谈对题项进行优化适用后,严格依照题项修正和信度分析标准对题项逐项进行预测试,修订调整后形成正式量表题项。

## 3.7 测量量表

依据前文文献综述和理论模型假设,通过对相当成熟量表的精心筛选和比对,本研究对员工沉默行为、心理资本、员工绩效、组织信任和权力距离5个变量开展测试研究。具体来说,员工沉默行为使用郑晓涛等(2008)的量表;心理资本使用 Luthans（2007）的量表；员工绩效采用邱菊（2019）整合 Borman 和 Motowidlo 的二因素经典模型，以及王辉等在此基础上在中国情境下研究开发的本土量表进行测量（王辉，等，2003）；组织信任使用 Robinson 的量表测量（Robinson，1996）；权力距离使用 Dorfman 设计的量表（Dorfman，et al.，1988）。

以上量表，信效度较高，均得到研究者的广泛认可。

### 3.7.1 员工沉默行为量表

在员工沉默行为量表使用方面，被学者们采用较多的是 2003 年 Dyne 开发的量表以及学者 Huang 开发的量表，前者让员工对同事进行评价，后者让员工从员工渠道等 5 个方面对自己进行打分。但是，这些量表结合中国情境的相对较少。我国学者郑晓涛在 2008 年开发的员工沉默行为量表则完全从中国的情境出发，问卷发放对象全部是中国的员工，同时，在进行探索性因子分析的过程中开发了漠视性沉默维度，这是具有中国代表性的一个维度方向，也是国内外其他学者未涉及的一个维度。具体来讲，员工沉默行为使用的郑晓涛等（2008）的量表，有 3 个维度的划分。具体数据分析为：默许性沉默（4 题）的 Cronbach's Alpha 系数为 0.81；防御性沉默（4 题）的 Cronbach's Alpha 系数为 0.77；漠视性沉默（4 题）的 Cronbach's Alpha 系数为 0.84。该量表共有 12 个题目，总的 Cronbach's Alpha 系数为 0.89。由以上数值观察得知，整体信度系数及各维度信度系数的值都比 0.7 大，说明量表的信度值良好。中国学者张正堂等经实证研究后认为，该量表具有较高的信效度（张正堂，等，2018），如表 3.7 所示。

表 3.7 员工沉默行为量表

| 维度划分 | 编码 | 题项描述 |
| --- | --- | --- |
| 默许性沉默 | TS1 | 领导基本已经决定了，自己的意见不会起太大作用，所以什么也不说 |
|  | TS2 | 我的建议不会影响现行的状况，所以不发表意见 |
|  | TS3 | 领导采纳我的建议的可能性很小，所以不发表意见 |
|  | TS4 | 领导不会更改一些决定，说了没有很大的意义，所以保持沉默 |
| 防御性沉默 | DS1 | 担心影响同事间的人际关系，因此不发表意见 |
|  | DS2 | 以免成为众矢之的，所以保持沉默 |
|  | DS3 | 担心得罪领导和同事，所以不发表意见 |
|  | DS4 | 我和大家关系都不错，碍于面子，还是不要提意见 |

续表

| 维度划分 | 编码 | 题项描述 |
|---|---|---|
| 漠视性沉默 | IS1 | 别人的事情和我没关系,没有必要说 |
| | IS2 | 我对企业的事情不关心,无所谓 |
| | IS3 | 对存在的问题,采用中庸之道,不多说也就没有太多责任 |
| | IS4 | 我和企业的感情不深,没必要说 |

资料来源:郑晓涛(2008)。

注 TS 代表默许性沉默;DS 代表防御性沉默;IS 代表漠视性沉默。

### 3.7.2 心理资本量表

本研究采用 Luthans(2007)的心理资本量表。其中,自信(6题)、希望(6题)、韧性(6题)、乐观(6题)4个维度的 Cronbach's Alpha 系数分别是0.87、0.84、0.87、0.80,整体量表的 Cronbach's Alpha 系数为0.95。Luthans 等人经过大量的实证分析研究构建的心理资本的4个维度的指标可以测量、管理和开发,该模型得到了很多学者的验证,在学界的认可也较为广泛。李超平翻译的 Luthans 编制的心理资本量表经过实证研究分析后证实,能准确测量心理资本这个高阶变量。我国学者徐劲松和陈松基于社会学习等理论对回收的550份领导成员有效问卷进行分析,员工心理资本的 Cronbach's Alpha 系数为0.838,具有良好的信度及判别效度,并且四因子模型的拟合效度较好(徐劲松,等,2017),该量表的区分效度较好。田喜洲(2012)、蔡笑伦(2016)、李鲜苗(2018)等均认为该量表的信效度良好。因此,该量表适合中国背景下的测量,如表3.8所示。

表 3.8 心理资本量表

| 维度划分 | 编码 | 题项描述 |
|---|---|---|
| 自信 | PC1 | 我相信自己能分析长远的问题,并找到解决方案 |
| | PC2 | 与管理层开会时,在陈述自己工作范围之内的事情这方面我很自信 |
| | PC3 | 我相信自己对公司战略的讨论有贡献 |
| | PC4 | 在我的工作范围内,我相信自己能够帮助设定目标 |
| | PC5 | 我相信自己能够与公司外部的人(比如供应商、客户)有效沟通与联系 |
| | PC6 | 我相信自己能够向一群同事陈述信息 |

续表

| 维度划分 | 编码 | 题项描述 |
| --- | --- | --- |
| 希望 | PC7 | 如果我发现自己在工作中陷入了困境，我能想出很多办法摆脱出来 |
|  | PC8 | 目前，我在精力饱满地完成自己的工作目标 |
|  | PC9 | 任何问题都有很多解决方法 |
|  | PC10 | 眼前，我认为自己在工作上相当成功 |
|  | PC11 | 我能想出很多办法来实现我目前的工作目标 |
|  | PC12 | 目前，我正在实现我为自己设定的工作目标 |
| 韧性 | PC13 | 在工作中遇到挫折时，我很难从中恢复过来，并继续前进（R） |
|  | PC14 | 在工作中，我无论如何都会去解决遇到的难题 |
|  | PC15 | 在工作中如果不得不去做，可以说，我也能独立应战 |
|  | PC16 | 我通常对工作中的压力能泰然处之 |
|  | PC17 | 因为以前经历过很多磨难，所以我现在能挺过工作上的困难时期 |
|  | PC18 | 在我目前的工作中，我感觉自己能同时处理很多事情 |
| 乐观 | PC19 | 在工作中，当遇到不确定的事情时，我通常期盼事情向好的方向发展 |
|  | PC20 | 如果某件事情会出错，即使我明智地工作，它也会出错（R） |
|  | PC21 | 对于自己的工作，我总是看到事情光明的一面 |
|  | PC22 | 对我的工作的未来发展，我是乐观的 |
|  | PC23 | 在我目前的工作中，事情从来没有像我希望的那样发展（R） |
|  | PC24 | 工作时，我总相信"黑暗的背后就是光明，不用悲观" |

注 PC 代表心理资本。

### 3.7.3 员工绩效量表

本研究认为员工绩效的综合论更有利于深入分析，也更符合科学研究发展的现状和趋势。结合 Borman 和 Motowidlo 等（1993）的任务绩效和情境绩效二因素经典模型以及王辉等（2003）在中国情境下对该二因素经典模型进行翻译和验证后探索开发的本土量表，借鉴国内众多学者如韩翼（2006）、何立（2010）、杨术（2016）等研究成果，邱菊（2019）在王辉等（2003）的基础上提炼删减后形成量表，并派发正式问卷，对回收的 486 份有效问卷进行实证分析，结果表明，任务绩效（4题）、关系绩效（4题）的 Cronbach's Alpha 系数分别是 0.900、0.831，同时，$KMO=0.908$，可进行因子分析，全部通过显著性检验，模型的拟合效果良好（邱菊，2019），该设计问卷的信度和效度得到有效支持。故而，该量表适合中国背景下的测量，如表 3.9 所示。

表 3.9 员工绩效量表

| 维度划分 | 编码 | 题项描述 |
| --- | --- | --- |
| 任务绩效 | TP1 | 我可以准确地完成自己的工作目标 |
|  | TP2 | 我总是按时完成分派给我的工作任务 |
|  | TP3 | 我能够高质量地完成工作 |
|  | TP4 | 我对工作时间有较高的利用率 |
| 关系绩效 | RP1 | 我愿意留在本部门继续工作 |
|  | RP2 | 我工作格外努力 |
|  | RP3 | 我总是能够主动帮助他人完成工作 |
|  | RP4 | 我经常能够主动承担本职工作以外的其他工作 |

注 TP 代表任务绩效；RP 代表关系绩效。

### 3.7.4 组织信任量表

当前，西方在组织信任的成熟量表中，以人际信任为研究焦点的 Bulter 量表和以组织之间信任为研究焦点的 Cumming 量表较为普遍，但是并不适合本研究的测量。故而，我们选择 Robinson 所编制的量表，其是一种员工对组织整体信任度的测量（Robinson，1996）。中国学者曾贱吉使用该量表对中国背景下的企业员工进行问卷测量，共计 7 个题项，经过样本分析显示，量表整体的 $KMO$ 值为 0.922，大于 0.7，适合因子分析，组织信任的平均方差提取 $AVE$ 值为 0.7，收敛效度、区分效度良好，且从整体上看信度较高。国内一些学者对该量表进行了测算和实证分析（贾良定，等，2006），均显示信效度较高（王颖，等，2014）。可见，该量表适合中国背景下的测量，如表 3.10 所示。

表 3.10 组织信任量表

| 编码 | 题项描述 |
| --- | --- |
| OT1 | 我相信我的单位是非常正直的 |
| OT2 | 我认为我的单位对待我的态度是可靠的 |

续表

| 编码 | 题项描述 |
| --- | --- |
| OT3 | 我的单位是诚实可信的 |
| OT4 | 我相信单位的动机和意图是好的 |
| OT5 | 我认为单位能够公正地对待我 |
| OT6 | 我的单位对我是坦率、直接的 |
| OT7 | 我完全相信单位 |

注 OT 代表组织信任。

### 3.7.5 权力距离量表

本研究认为权力距离是一种文化价值观，代表个体对机构或者组织中权力不平等的感知程度。量表的测量采用 Dorfman 和 Howell 开发的单一维度量表，该量表共有 6 个题项（Dorfman, et al., 1988），得到了众多学者的认可。仲理峰等学者基于社会交换理论开展实证研究，对工商管理硕士（MBA）学生发放调查问卷，发出 81 份领导问卷和 210 份员工下属问卷，剔除不合规问卷，得到 202 个有效配对样本数据，显示该权力距离量表的信效度较高（仲理峰，等，2019）。国内学者周建涛（2018）、詹小慧（2019）、刘淑桢（2020）等经过测算检验后认为，该权力距离量表具有较高的信效度。因此，该量表适合中国背景下的测量，如表 3.11 所示。

表 3.11 权力距离量表

| 编码 | 题项描述 |
| --- | --- |
| PD1 | 我认为管理者的绝大多数决策都不需要咨询员工 |
| PD2 | 对待员工时，管理者常常有必要使用权威和权力 |
| PD3 | 管理者应该较少地征求员工的看法 |
| PD4 | 管理者应该避免和员工发生工作以外的接触 |
| PD5 | 员工应该全力服从管理层作出的决策 |
| PD6 | 管理者不应该安排重要的任务给员工 |

注 PD 代表权力距离。

## 3.8 样本预测试

多数量表是西方学者基于西方文化和背景开发的，且比较成熟。其信效度虽然已经被多次验证，但考虑中西方文化和情境的综合要素差异以及本研究的假设模型状况，因此需要结合中国情境对量表进行预测试，提升正式问卷的信效度，以更好地指导后续研究工作。本研究问卷基于学者的成熟量表题项形成，为了尽量减少语意误差，特邀请了 2 名经济学博士、2 名管理学博士、1 名文学博士、1 名海外留学博士对量表题项进行逐一讨论，对部分量表进行英汉互译，经过仔细斟酌比对后，最终确定预测试的问卷。

### 3.8.1 样本概况描述

为了提升问卷的质量和量表测量的准确度，特对模型涵盖的 5 个变量对应量表的所有题项进行小范围内的预测试。以聊城市某汽车检测中心、聊城市某水利公司、聊城市某区医院等单位的员工为主要预测试对象，全部以微信转发链接的形式进行答题，事前对问卷派发负责人员进行培训，由其对填写人员进行具体指导，并将注意事项通过电话、微信等方式交代清晰。此次问卷的预测试时间从 2020 年 11 月 4 日正式开始，至 2020 年 11 月 7 日顺利完成。在这个时间范围内，共发放了 249 份问卷样本，回收 216 份问卷，经过仔细比对后发现其中 200 份有效，问卷样本的回收率是 86.7%，问卷样本的有效率是 92.6%。

表 3.12 列出的部分人口变量（性别、年龄、岗位类别等）的预测试样本的统计信息显示，在性别上，女性的占比高于男性，达到 62.0%；在年龄上，31~40 岁的样本占到总样本的一半以上，达到了 52.5%；在教育程度上，本科、硕士及以上占比较大，达到了 67.5%；在岗位类别上，从事技术/研发、财务/会计和市场/销售的人员相对较多，占比达到 56%；在职位类别上，基层管理者和一般职员占比最大，达到了 77%。整体而言，样本的人口变量正常，不影响后面的信度分析。

表 3.12 预测试样本人口变量统计描述

| 人口变量 | 范围 | 数量/人 | 占比/% | 总量/人 |
| --- | --- | --- | --- | --- |
| 性别 | 男 | 76 | 38.0 | 200 |
|  | 女 | 124 | 62.0 |  |

续表

| 人口变量 | 范围 | 数量/人 | 占比/% | 总量/人 |
| --- | --- | --- | --- | --- |
| 年龄 | 20~30 岁 | 56 | 28.0 | 200 |
| | 31~40 岁 | 105 | 52.5 | |
| | 41~50 岁 | 37 | 18.5 | |
| | 51 岁及以上 | 2 | 1.0 | |
| 教育程度 | 高中或中专及以下 | 13 | 6.5 | 200 |
| | 大专 | 52 | 26.0 | |
| | 本科 | 87 | 43.5 | |
| | 硕士及以上 | 48 | 24.0 | |
| 岗位类别 | 技术/研发 | 36 | 18.0 | 200 |
| | 生产/经营 | 22 | 11.0 | |
| | 市场/销售 | 34 | 17.0 | |
| | 财务/会计 | 42 | 21.0 | |
| | 人力/行政 | 21 | 10.5 | |
| | 其他 | 45 | 22.5 | |
| 职位类别 | 一般职员 | 114 | 57.0 | 200 |
| | 基层管理者 | 40 | 20.0 | |
| | 中层管理者 | 32 | 16.0 | |
| | 高层管理者 | 14 | 7.0 | |

### 3.8.2 预测试题项的信度分析

进行小范围问卷预测试的目的是净化、修正题项，对不适当的措辞予以矫正，形成适合本研究的正式调查问卷，提升大规模问卷的整体信效度。对修正后的项与总计相关性（Corrected item - total correlation，CITC）、项删除后的Cronbach's Alpha 系数、Cronbach's Alpha 系数三个指标进行题项的删减和信度水平分析。当题目的 CITC 系数<0.5 时，应该予以删除（Cronbach,1951）；而卢纹岱则认为，当题目的 CITC 系数<0.5 或者<0.3 时予以删除（卢纹岱，2002），项删除后的 Cronbach's Alpha 系数会增加。Cronbach's Alpha 系数在 0.5~0.6 信度可

接受（吴明隆，2010b），但学者们普遍认为该系数>0.7时量表信度良好。

因此，本研究采用以下原则进行量表的题项修正及信度分析：首先，当题项的CITC值<0.5时，作删除处理；其次，题目被删除后的Cronbach's Alpha值变大；最后，Cronbach's Alpha系数均>0.7，则符合信度要求。

表3.13中，员工沉默行为的CITC系数与信度分析的信息显示：

表3.13 员工沉默行为的CITC系数与信度分析

| 名称 | 维度 | 编号 | CITC值 | 项删除后Cronbach's Alpha值 | 维度Cronbach's Alpha值 | 整体的Cronbach's Alpha值 |
| --- | --- | --- | --- | --- | --- | --- |
| 员工沉默行为 | 默许性沉默 | TS1 | 0.699 | 0.959 | 0.927 | 0.959 |
|  |  | TS2 | 0.791 | 0.956 |  |  |
|  |  | TS3 | 0.810 | 0.955 |  |  |
|  |  | TS4 | 0.847 | 0.954 |  |  |
|  | 防御性沉默 | DS1 | 0.848 | 0.954 | 0.952 |  |
|  |  | DS2 | 0.862 | 0.954 |  |  |
|  |  | DS3 | 0.875 | 0.953 |  |  |
|  |  | DS4 | 0.844 | 0.954 |  |  |
|  | 漠视性沉默 | IS1 | 0.820 | 0.955 | 0.906 |  |
|  |  | IS2 | 0.662 | 0.959 |  |  |
|  |  | IS3 | 0.803 | 0.956 |  |  |
|  |  | IS4 | 0.691 | 0.958 |  |  |

默许性沉默维度4个题项的CITC系数都>0.5，且维度Cronbach's Alpha系数是0.927；防御性沉默维度4个题项的CITC系数都>0.5，且维度Cronbach's Alpha系数为0.952，>0.70；漠视性沉默维度4个题项的CITC系数都>0.5，且维度Cronbach's Alpha系数是0.906，>0.70。员工沉默行为量表整体的Cronbach's Alpha系数是0.959，>0.70，且该量表12个题项的CITC值均>0.5。所以，按照量表题项的修正原则，员工沉默行为量表的12个题项全部予以保留。

表3.14中，心理资本的CITC系数与信度分析的信息显示：

表 3.14　心理资本的 CITC 系数与信度分析

| 名称 | 维度 | 编号 | CITC 值 | 项删除后 Cronbach's Alpha 值 | 维度 Cronbach's Alpha 值 | 整体的 Cronbach's Alpha 值 |
|---|---|---|---|---|---|---|
| 心理资本 | 自信 | PC1 | 0.610 | 0.943 | 0.919 | $A^1 = 0.945$<br>$A^2 = 0.961$ |
| | | PC2 | 0.723 | 0.942 | | |
| | | PC3 | 0.711 | 0.942 | | |
| | | PC4 | 0.709 | 0.942 | | |
| | | PC5 | 0.759 | 0.942 | | |
| | | PC6 | 0.739 | 0.942 | | |
| | 希望 | PC7 | 0.792 | 0.941 | 0.894 | |
| | | PC8 | 0.711 | 0.942 | | |
| | | PC9 | 0.687 | 0.943 | | |
| | | PC10 | 0.609 | 0.943 | | |
| | | PC11 | 0.775 | 0.941 | | |
| | | PC12 | 0.749 | 0.942 | | |
| | | PC13 | 0.159 | | | |
| | 韧性 | PC14 | 0.748 | 0.942 | $A^1 = 0.823$<br>$A^2 = 0.901$ | |
| | | PC15 | 0.730 | 0.942 | | |
| | | PC16 | 0.731 | 0.942 | | |
| | | PC17 | 0.731 | 0.942 | | |
| | | PC18 | 0.729 | 0.942 | | |
| | | PC19 | 0.634 | 0.943 | | |
| | | PC20 | 0.245 | | | |
| | 乐观 | PC21 | 0.645 | 0.943 | $A^1 = 0.723$<br>$A^2 = 0.866$ | |
| | | PC22 | 0.663 | 0.943 | | |
| | | PC23 | 0.223 | | | |
| | | PC24 | 0.682 | 0.943 | | |

注　$A^1$ 代表删除题目前的信度系数；$A^2$ 代表删除题目后的信度系数。

在自信维度方面，6 个题项的 CITC 系数都 >0.5，均符合要求，且维度 Cronbach's Alpha 系数是 0.919，>0.70，说明自信维度量表具有较好的信度，因此保留自信维度量表的所有题目。

在希望维度方面,6个题项的CITC系数都>0.5,均符合要求,且维度Cronbach's Alpha系数是0.894,>0.70,说明希望维度量表具有较好的信度,因此保留希望维度量表的所有题目。

在韧性维度方面,6个题项的Cronbach's Alpha系数为0.823,但是,第13个题项的CITC系数是0.159,低于0.5的最低标准。将此题项删除后,韧性维度Cronbach's Alpha系数从0.823增加到0.901,信度系数增加,信度水平得以明显提升。

在乐观维度方面,6个题项的Cronbach's Alpha系数为0.723,但是,第20个题项及第23个题项的CITC系数值分别是0.245和0.223,系数值<0.5。把这两个题目去掉后,乐观维度的Cronbach's Alpha系数从0.723增加到0.866,信度系数增加显著,信度水平得以明显提升。

依据Cronbach提出的当题目的CITC系数<0.5时应该予以删除(Cronbach,1951),和卢纹岱认为当CITC系数<0.5时应剔除(卢纹岱,2002),同时该题目被剔除后可提升量表的信度水平,因此对心理资本量表中的第13、20、23三个题目作删除处理。删除后,心理资本量表的整体Cronbach's Alpha系数从0.945增加到0.961,信度水平得到明显提升。

表3.15中,员工绩效的CITC系数与信度分析的信息显示:

表3.15 员工绩效的CITC系数与信度分析

| 名称 | 维度 | 编号 | CITC值 | 项删除后Cronbach's Alpha值 | 维度Cronbach's Alpha值 | 整体的Cronbach's Alpha值 |
|---|---|---|---|---|---|---|
| 员工绩效 | 任务绩效 | TP1 | 0.691 | 0.882 | 0.897 | 0.896 |
| | | TP2 | 0.764 | 0.876 | | |
| | | TP3 | 0.722 | 0.879 | | |
| | | TP4 | 0.744 | 0.877 | | |
| | 关系绩效 | RP1 | 0.540 | 0.898 | 0.810 | |
| | | RP2 | 0.662 | 0.885 | | |
| | | RP3 | 0.669 | 0.884 | | |
| | | RP4 | 0.669 | 0.884 | | |

在任务绩效维度方面,4个题项的CITC值均>0.5,均符合要求,且维度Cronbach's Alpha值是0.897,>0.70,表明任务绩效维度量表具有较好的信度,

因此，保留任务绩效维度量表的所有题目。

在关系绩效维度方面，4个题项的CITC系数均>0.5，均符合要求，且维度Cronbach's Alpha系数为0.810，>0.70，表明关系绩效维度量表具有较高的信度，因此，保留关系绩效维度量表的所有题目。

员工绩效量表整体的Cronbach's Alpha系数是0.896，>0.70，且所有8个题项的CITC系数均>0.5。因此，依据量表的题项修正及信度分析原则，保留该量表的全部8个题项。

表3.16中，组织信任的CITC系数与信度分析的信息显示：

**表3.16 组织信任的CITC系数与信度分析**

| 名称 | 编号 | CITC值 | 项删除后Cronbach's Alpha值 | 整体的Cronbach's Alpha值 |
|---|---|---|---|---|
| 组织信任 | OT1 | 0.861 | 0.955 | 0.961 |
|  | OT2 | 0.844 | 0.956 |  |
|  | OT3 | 0.888 | 0.953 |  |
|  | OT4 | 0.835 | 0.957 |  |
|  | OT5 | 0.855 | 0.955 |  |
|  | OT6 | 0.897 | 0.952 |  |
|  | OT7 | 0.870 | 0.954 |  |

组织信任量表整体的Cronbach's Alpha值是0.961，并且7个题项的CITC值均>0.5，均符合要求。因此，将组织信任量表的7个题项全部予以保留。

表3.17中，权力距离的CITC系数与信度分析的信息显示：

**表3.17 权力距离的CITC系数与信度分析**

| 名称 | 编号 | CITC值 | 项删除后Cronbach's Alpha值 | 整体的Cronbach's Alpha值 |
|---|---|---|---|---|
| 权力距离 | PD1 | 0.684 | 0.796 |  |
|  | PD2 | 0.595 | 0.815 |  |
|  | PD3 | 0.715 | 0.790 | $A^1$ = 0.837 |
|  | PD4 | 0.672 | 0.799 | $A^2$ = 0.848 |
|  | PD5 | 0.402 |  |  |
|  | PD6 | 0.609 | 0.812 |  |

注 $A^1$代表删除题目前的信度系数；$A^2$代表删除题目后的信度系数。

权力距离量表整体的 Cronbach's Alpha 系数为 0.837，但是，编码为 PD5 的题项的 CITC 系数值是 0.402，低于 0.5 的最低标准，故将此题项删除。删除后权力距离量表整体的 Cronbach's Alpha 系数从 0.837 增加到 0.848，信度系数增加，信度水平得以提升。

依据 Cronbach 提出的当题目的 CITC 系数<0.5 时应该予以删除（Cronbach，1951），和卢纹岱认为当 CITC 值<0.5 时应予以剔除（卢纹岱，2002），且该题项被剔除后会提升信度水平，因此对权力距离量表中编码为 PD5 的题目作删除处理。

## 3.9 正式样本调查

本研究在前文分析的基础上，进行了正式学术问卷调查，共发放 744 份问卷，回收 676 份，剔除 42 份无效的数据后共留下 634 份。将 634 份问卷录入 SPSS 及导入 AMOS 中进行样本检验分析，对员工沉默行为、心理资本、员工绩效、组织信任、权力距离 5 个变量之间的关系进行一系列的检验和验证，对数据结果进行讨论分析及研究展望。

本研究采用问卷调查的方式获取企业员工信息的一手数据用于数据分析，区别于之前的预测试样本的企业问卷调查，本次正式样本调查的对象为山东 YG 电缆集团，之所以选择该企业作为本研究的研究对象：一是该企业在本地区、山东省内甚至全国范围内都有很高的知名度；二是该企业是中国本土的具有代表性的国有企业。在国内各地，每当人们说到电缆首先想到的就是 YG 电缆，足见该企业的品牌影响力和业内权威性。该集团前身（原国有企业）创办于 1986 年，系国家大型企业集团，现有职工 4200 人，包括 387 名专业技术人员。该集团主要进行电线电缆的生产及研究，拥有专利技术 134 项，产品通过了 ISO 9000 质量认证以及德国、俄罗斯、欧盟等国家和地区认证，是中国移动、铁路集团、国家电网等国家核心企业的主要供应商，产品出口南美、印度、新加坡等地，荣获"中国企业品牌 500 强""中国电缆十大品牌企业""国家民参军优秀推荐企业"等一系列荣誉称号。

每个员工都有其唯一的抽样编号，问卷填写前须输入编号后才能填写，确保问卷样本来源不重复。采用两种方式对该集团进行数据收集：问卷星网络链接微信转发匿名填写和现场纸质问卷匿名填写。一方面，因电缆行业的工作性质，很多员工都在车间一线从事工作，为了不影响正常的生产活动，节约成本和时间，员工可以利用非工作时间通过微信链接的方式填写问卷；另一方面，考虑到年龄偏大的员工没有智能手机或者对微信操作不熟练，专门安排了现场纸质问卷的解读与填写，以方便员工。每个题项之间不具有某种联系，仅仅是一份学术问卷，均采用匿名填写，员工可以自由参加。并且，问卷的内容不涉及企业机密，也不涉及个人隐私，数据收集后仅用作研究，会做严格的保密处理。

该集团前身（原国有企业）系国家大型企业集团，对其进行正式学术问卷调查，共发放744份问卷。本研究的研究对象企业员工总数为4200人，考虑抽样的科学性、代表性，抽样方法为概率抽样，每个员工都有其唯一的抽样编号，问卷填写前须输入编号后才能填写，确保问卷样本来源不重复。员工通过微信链接匿名填写的数据，直接提交至后台，领导看不到数据信息；员工现场填写数据时领导回避，填写完毕后自己投掷到问卷箱里，最后再由相关工作人员进行汇总。最终本研究实际发放问卷744份，回收样本676份，回收率为90.9%。

首先，确定抽样的总体统计量。根据学者吴明隆（2010）的《问卷统计分析实务——SPSS操作与应用》中的置信水平和误差抽样的样本总量表设定预期的总体统计量。

其次，设定预期置信度、误差值和 $P$ 值。

第一，确定样本量的计算公式。根据吴明隆研究步骤，本项目的样本量根据以下公式计算：

$$n = \frac{P \times (1-P)}{E^2/Z^2 + P \times (1-P)/N} \tag{3-1}$$

其中，$n$ 为样本量；$N$ 为样本容量，置信度为95%时，$Z=1.96$，置信度为90%时，$Z=1.64$；$E$ 为误差值；$P$ 为概率值。

30个样本是定量研究的最小样本量；各项抽样标准样本量计算：$Z=1.96$，$E=3\%$，$P=0.5$ 时，$n=1067$；$Z=1.96$，$E=5\%$，$P=0.5$ 时，$n=384$；$Z=1.96$，$E=10\%$，$P=0.5$ 时，$n=96$；$Z=1.64$，$E=3\%$，$P=0.5$ 时，$n=74$；$Z=1.64$，$E=5\%$，$P=0.5$ 时，$n=269$；$Z=1.64$，$E=10\%$，$P=0.5$ 时，$n=67$。当样本容量超过总体的5%时，就需要调整样本容量。因此，本研究设定预期置信度为90%，误差值为3%，$P=0.5$。第二，确定本企业的样本量。根据式（3-1）得到本研究的样本量：$n=634$。因此，将样本总量设定为634份。

最后，实际发放问卷744份，大于预期设定样本总量634份。因此，本研究多发放问卷110份，可保证问卷调查的数量不低于预期，并在删除无效、未返回等问卷的情况下保证实际发放问卷采集的有效性、真实性。

为了保证问卷调查工作的顺利开展，提前一天由集团人力资源部长将问卷星网络链接用微信转发给相关管理者，再由其转发给员工。正式问卷调查第一天，本文作者到达集团现场指导在线及线下问卷的填写工作。

一是微信网络匿名填写。网络链接微信转发匿名填写问卷正式发布的时间是 2020 年 11 月 16 日，于 2020 年 11 月 17 日正式回收数据，到 2020 年 11 月 23 日截止，历时一周。问卷调查对象为山东 YG 电缆集团（国营企业，员工数 4200 人），通过个人关系与该企业的主要负责人取得联系，由其安排人力资源部部长指派相关管理者进行网络指定转发，同时对该集团驻省外（吉林、上海、新疆、河南等 12 个省市）的部分营销代理员工进行定向网络转发。共转发问卷 458 份，反馈回来 407 份，样本的回收率为 88.9%，对 35 份无效的问卷作删除处理，至此共留下 372 份有效样本，样本的有效率为 91.4%，整体的 Cronbach's Alpha 系数为 0.927。

二是现场纸质匿名填写。因有些年龄稍大的员工对微信网络操作不熟练、有些人视力不好、有些人不习惯网络填写、有些人感觉手填更为亲切等，依据员工的不同需求准备了一些纸质问卷方便其现场填写。问卷调查对象为山东 YG 电缆集团（国营企业，员工数 4200 人），通过个人关系与该企业的主要负责人取得联系并安排现场问卷调查事宜。现场纸质匿名填写从 2020 年 11 月 17 日正式开始，到 2020 年 12 月 2 日截止，历时 15 天。在集团现场共派发了 286 份问卷，回收 269 份，样本的回收率为 94.1%，对 7 份无效的问卷作删除处理，至此共留下 262 份有效样本，样本的有效率为 97.4%，整体的 Cronbach's Alpha 系数为 0.925。

运用以上两种派发方式，共派发了 744 份问卷，回收 676 份，达到了 90.9% 的回收率。同时，对在线及线下回收的问卷进行删选，剔除无效问卷，其标准为：①答题时间少于 120 秒（经过多人次答题计时实验得到该时间）；②量表内题项填写漏项；③填写选项前后一致性较强、规律明显。按照以上标准，共删除了 42 份无效样本，得到 634 份有效样本，样本的有效率为 93.8%。

## 3.10 本章小结

在对研究变量进行国内外文献资料梳理的基础上，仔细研习了新行为主义理论的内涵，学习了社会交换理论在管理学科中的应用案例，然后综合社会认知等理论对研究模型进行了初步设计，形成了员工沉默行为、心理资本、员工绩效的核心研究架构，在此框架的基础上形成了以组织信任和权力距离为调节作用的整体理论模型，依据理论基础和逻辑推理，相应地提出了理论假设，共涉及具体维度有待实证分析的 32 个细分假设。对理论模型涉及的 5 个变量进行了问卷设计，邀请相关学科的专家对题项逐一把关；发放了 249 份问卷样本，回收 216 份问卷，经过仔细比对后发现其中 200 份有效，运用 CITC 系数和 Cronbach's Alpha 系数对问卷的题目进行净化，将 PC13、PC20、PC23、PD5 共 4 个题项作删除处理，这对于提升正式问卷测量的真实性、科学性和有效性是非常必要的。在预测试净化题项的基础上进行了正式调查问卷的发放和回收工作，共发放 744 份问卷，回收 676 份，剔除 42 份无效的数据后共留下 634 份。将 634 份问卷录入 SPSS 及导入 AMOS 中进行样本检验分析。

# 第4章 数据分析及讨论

经过近一个半月的问卷调查工作,运用以上两种派发方式(微信网络匿名填写、现场纸质匿名填写)共得到634份有效问卷样本,总体样本的Cronbach's Alpha系数为0.927。其中,以微信网络匿名填写方式得到的372份有效样本的Cronbach's Alpha系数为0.927,以现场纸质匿名填写方式得到的262份有效样本的Cronbach's Alpha系数为0.925,两种方式收集回来的数据信度检验值相当,与总体问卷的信度检验值也相当,且都比较高,如表4.1所示。因此,可将两种方式得到的样本数据合并用于数据检验与分析。

表4.1 不同样本来源的信度检验

| 样本 | $N$ | 题量 | Cronbach's Alpha 系数 | 备注 |
|---|---|---|---|---|
| 总体样本 | 634 | 53 | 0.927 |  |
| 微信网络 | 372 | 53 | 0.927 | 检验值相当 |
| 现场纸质 | 262 | 53 | 0.925 | 检验值相当 |

## 4.1 描述性统计分析

本研究探讨员工的沉默行为通过心理资本对员工绩效产生的影响,人员基本信息主要涉及性别、年龄、教育程度、工作年限、职位类别以及岗位类别,运用SPSS软件进行统计分析后,分析结果如表4.2所示。

表4.2 人员基本信息特征

| 人员变量 | 数量/人 | 占比/% | 总计/人 | 人员变量 | 数量/人 | 占比/% | 总计/人 |
|---|---|---|---|---|---|---|---|
| **年龄** |  |  | 634 | 51岁及以上 | 36 | 5.7 |  |
| 20~30岁 | 88 | 13.9 |  | **教育程度** |  |  | 634 |
| 31~40岁 | 316 | 49.8 |  | 高中或中专及以下 | 176 | 27.8 |  |
| 41~50岁 | 194 | 30.6 |  | 大专 | 213 | 33.6 |  |

续表

| 人员变量 | 数量/人 | 占比/% | 总计/人 | 人员变量 | 数量/人 | 占比/% | 总计/人 |
|---|---|---|---|---|---|---|---|
| 本科 | 219 | 34.5 | | 1~3年 | 72 | 11.4 | |
| 硕士及以上 | 26 | 4.1 | | 3~5年 | 52 | 8.2 | |
| 职位类别 | | | 634 | 5~10年 | 191 | 30.1 | |
| 一般职员 | 336 | 53.0 | | 10年及以上 | 268 | 42.3 | |
| 基层管理者 | 127 | 20.0 | | 岗位类别 | | | 634 |
| 中层管理者 | 140 | 22.1 | | 技术/研发 | 89 | 14.0 | |
| 高层管理者 | 31 | 4.9 | | 生产/运营 | 117 | 18.5 | |
| 性别 | | | 634 | 市场/销售 | 108 | 17.0 | |
| 男 | 327 | 51.6 | | 财务/会计 | 66 | 10.4 | |
| 女 | 307 | 48.4 | | 人力/行政 | 81 | 12.8 | |
| 工作年限 | | | 634 | 其他 | 173 | 27.3 | |
| 1年及以下 | 51 | 8.0 | | | | | |

由表4.2中的人员基本信息特征的统计结果可以看出：

在性别上，男性员工327名，占总体样本的51.6%；女性员工307名，占总体样本的48.4%。整体来看，女性员工的数量与男性员工的数量基本相当，有效样本总量中男性员工略多于女性员工。

在年龄上，20~30岁的员工有88人，占总体样本的13.9%；31~40岁的员工为316人，占总体样本的49.8%；41~50岁的员工为194人，占总体样本的30.6%；51岁及以上的员工为36人，占总体样本的5.7%。有效样本的来源大多为31~40岁年龄段，多为企业基层员工和管理者，在年龄上并未产生大的偏移。

在教育程度上，高中或中专及以下的员工为176人，占总体样本的27.8%；大专的员工为213人，占总体样本的33.6%；本科的员工为219人，占总体样本的34.5%；硕士及以上的员工为26人，占总体样本的4.1%。依据电缆行业的行业性质，要求有一定数量的从事车间工作的一线工人，对他们的学历水平要求不算太高。但是，从有效样本教育程度的整体数据上来看，多数集中在大专和本科学历，可见被调查对象的受教育程度整体较高。

在工作年限上，1年及以下的有51人，占总体样本的8.0%；1~3年的有72人，占总体样本的11.4%；3~5年的有52人，占总体样本的8.2%；5~10年的有 191 人，占比为 30.1%；10 年及以上的有 268 人，所占比率为 42.3%，样本数据未显示异常。

在职位类别上，一般职员为 336 人，占总体样本的 53.0%；基层管理者为 127 人，占总体样本的 20.0%；中层管理者为 140 人，占总体样本的 22.1%；高层管理者为 31 人，占总体样本的 4.9%，样本数据未显示异常。

在岗位类别上，技术/研发岗位的员工为 89 人，占总体样本的 14.0%；生产/运营岗位的员工为 117 人，占总体样本的 18.5%；市场/销售岗位的员工为 108 人，占总体样本量的 17.0%；财务/会计岗位的员工为 66 人，占总体样本的 10.4%；人力/行政岗位的员工为 81 人，占总体样本的 12.8%；其他岗位的员工为 173 人，占总体样本的 27.3%，样本数据未显示异常。

人员基本信息特征的描述性统计分析结果显示，有效样本的数据未显示异常，可以继续下一步的研究分析。

## 4.2　信度及效度分析

### 4.2.1　信度分析

本研究通过 SPSS 软件计算 Cronbach's Alpha 系数以衡量整体量表及各个变量维度的信度水平，对 634 份有效样本计算分析的结果如表 4.3 所示。

表 4.3　信度水平分析

| 变量 | 维度 | 题量 | 维度 Cronbach's Alpha 系数 | 整体的 Cronbach's Alpha 系数 |
|---|---|---|---|---|
| 员工沉默行为 | 默许性沉默 | 4 | 0.878 | 0.925 |
|  | 防御性沉默 | 4 | 0.899 |  |
|  | 漠视性沉默 | 4 | 0.838 |  |
| 心理资本 | 自信 | 6 | 0.881 | 0.960 |
|  | 希望 | 6 | 0.882 |  |
|  | 韧性 | 5 | 0.903 |  |
|  | 乐观 | 4 | 0.898 |  |
| 员工绩效 | 任务绩效 | 4 | 0.927 | 0.909 |
|  | 关系绩效 | 4 | 0.818 |  |
| 组织信任 |  | 7 | 0.962 | 0.927 |
| 权力距离 |  | 5 | 0.824 |  |

由表 4.3 中信度水平统计分析的结果可知，5 个变量整体的 Cronbach's Alpha 系数为 0.927。员工沉默行为共 12 个题项，其整体的 Cronbach's Alpha 系数为 0.925，其中，默许性沉默维度的 Cronbach's Alpha 系数为 0.878，有 4 个题项；防御性沉默维度的 Cronbach's Alpha 系数为 0.899，有 4 个题项；漠视性沉默维度的 Cronbach's Alpha 系数为 0.838，有 4 个题项。心理资本有题目 21 个，整体的 Cronbach's Alpha 系数是 0.960，其中，自信维度的系数是 0.881，有 6 个题项；希望维度的 Cronbach's Alpha 系数为 0.882，有 6 个题项；韧性维度的 Cronbach's Alpha 系数为 0.903，有 5 个题项；乐观维度的 Cronbach's Alpha 系数为 0.898，有 4 个题项。员工绩效共 8 个题项，整体的 Cronbach's Alpha 系数是 0.909，任务绩效与关系绩效都各自有 4 个题目，其维度的 Cronbach's Alpha 系数分别是 0.927、0.818。组织信任共 7 个题项，整体的 Cronbach's Alpha 系数是 0.962。权力距离共 5 个题项，整体的 Cronbach's Alpha 系数是 0.824。

由以上可知，本理论模型中所有 5 个变量的整体及其变量维度的 Cronbach's Alpha 系数都大于 0.70，说明该理论模型的信度水平比较高。

### 4.2.2 效度分析

经过多方比对，筛选认可度高、已被广泛采用且信效度较高的相对成熟量表用于本研究，对部分国外原始量表进行英汉互译，同时综合考虑中西方文化和情境的综合要素差异以及本研究的假设模型状况。为了保证正式问卷的调查质量，事前进行了小样本的预测试，利用 Cronbach's Alpha 系数和 CITC 值对量表的题项进行了净化分析。下一步将重点考察收敛效度和区分效度。

#### 4.2.2.1 收敛效度

将回收的 634 份员工有效样本匹配至相应的变量中，运用 AMOS 分析软件对构建的结构方程进行分析测算，检验其收敛效度，得到验证性因素分析（CFA）报告。将标准化回归系数（Standardized regression weights）也即因素加权值（Factor weights）、组合信度（Composite reliability，CR）、平均方差抽取量（Average variance extracted，AVE）用于测算结构方程模型的内在拟合质量，将卡方自由度比值（CMIN/DF）、RMSEA、GFI 列为结构方程模型（SEM）的绝对拟合适配度指数，将 NFI、IFI、TLI、CFI 列为 SEM 的增值适配度指数（吴明隆，2010a）。

整体模型的拟合适配度指数如表 4.4 所示：

表 4.4 整体模型的拟合适配度指数

| 变量 | CMIN/DF | GFI | NFI | IFI | TLI | CFI |
| --- | --- | --- | --- | --- | --- | --- |
| 沉默行为 | 3.322 | 0.964 | 0.972 | 0.980 | 0.970 | 0.980 |

续表

| 变量 | CMIN/DF | GFI | NFI | IFI | TLI | CFI |
|------|---------|-----|-----|-----|-----|-----|
| 心理资本 | 4.768 | 0.901 | 0.931 | 0.945 | 0.926 | 0.945 |
| 员工绩效 | 4.315 | 0.988 | 0.992 | 0.994 | 0.975 | 0.994 |
| 组织信任 | 2.612 | 0.989 | 0.996 | 0.997 | 0.994 | 0.997 |
| 权力距离 | 4.156 | 0.997 | 0.996 | 0.997 | 0.973 | 0.997 |

因素加权值在 0.50~0.95，CR 值在 0.60 以上，AVE 值>0.50，变量的收敛效度较好（Bagozzi, Yi, 1988）。同时，若 CMIN/DF<3.0，RMSEA<0.08，GFI、NFI、IFI、TLI、CFI 的值>0.90，表明 SEM 的拟合度良好（吴明隆，2010a）。也有学者将卡方自由度比值（CMIN/DF）放宽至小于 5，将 RMSEA 的值放宽至 0.1 的标准。

员工沉默行为的验证性因素分析（CFA）报告如表 4.5 所示，各个显变量的因素加权值在 0.634~0.881，临界比值的绝对值均>2.58，参数估计值达到显著水平（下同）。默许性沉默的 CR 值为 0.869，AVE 值为 0.627；防御性沉默的 CR 值为 0.908，AVE 值为 0.713；漠视性沉默的 CR 值为 0.802，AVE 值为 0.506。同时，结构模型的卡方自由度比值（CMIN/DF）、GFI、NFI、IFI、TLI、CFI、RMSEA 等拟合适配度指数较为可观，如表 4.4 所示。因此，员工沉默行为的验证性因素分析（CFA）通过检验，认为该模型变量具有良好的收敛效度。

表 4.5 员工沉默行为的验证性因素分析

| 变量 | 维度 | 编码 | 因素加权值 | 测量误差 | 组合信度 | AVE |
|------|------|------|-----------|----------|----------|-----|
| 员工沉默行为 | 默许性沉默 | TS1 | 0.668 | 0.553 | 0.869 | 0.627 |
| | | TS2 | 0.776 | 0.397 | | |
| | | TS3 | 0.866 | 0.250 | | |
| | | TS4 | 0.843 | 0.289 | | |
| | 防御性沉默 | DS1 | 0.767 | 0.411 | 0.908 | 0.713 |
| | | DS2 | 0.881 | 0.223 | | |
| | | DS3 | 0.870 | 0.243 | | |
| | | DS4 | 0.854 | 0.270 | | |
| | 漠视性沉默 | IS1 | 0.736 | 0.458 | 0.802 | 0.506 |
| | | IS2 | 0.634 | 0.598 | | |
| | | IS3 | 0.808 | 0.347 | | |
| | | IS4 | 0.656 | 0.569 | | |

心理资本的验证性因素分析（CFA）报告如表4.6所示，各个显变量的因素加权值在0.522~0.861。自信的 CR 值为0.886，AVE 值为0.568；希望的 CR 值为0.875，AVE 值为0.544；韧性的 CR 值为0.900，AVE 值为0.644；乐观的 CR 值为0.877，AVE 值为0.640。同时，结构模型的卡方自由度比值（CMIN/DF）、GFI、NFI、IFI、TLI、CFI、RMSEA 等拟合适配度指数较为可观，如表4.4所示。因此，心理资本的验证性因素分析（CFA）通过检验，认为该模型变量具有良好的收敛效度。

表4.6 心理资本的验证性因素分析

| 变量 | 维度 | 编码 | 因素加权值 | 测量误差 | 组合信度 | AVE |
|---|---|---|---|---|---|---|
| 心理资本 | 自信 | PC1 | 0.732 | 0.464 | 0.886 | 0.568 |
| | | PC2 | 0.709 | 0.497 | | |
| | | PC3 | 0.757 | 0.426 | | |
| | | PC4 | 0.861 | 0.258 | | |
| | | PC5 | 0.817 | 0.332 | | |
| | | PC6 | 0.623 | 0.611 | | |
| | | PC7 | 0.797 | 0.364 | | |
| | 希望 | PC8 | 0.808 | 0.347 | 0.875 | 0.544 |
| | | PC9 | 0.753 | 0.432 | | |
| | | PC10 | 0.522 | 0.727 | | |
| | | PC11 | 0.749 | 0.438 | | |
| | | PC12 | 0.761 | 0.420 | | |
| | | PC13 | 0.850 | 0.277 | | |
| | 韧性 | PC14 | 0.728 | 0.470 | 0.900 | 0.644 |
| | | PC15 | 0.795 | 0.367 | | |
| | | PC16 | 0.821 | 0.325 | | |
| | | PC17 | 0.815 | 0.335 | | |
| | | PC18 | 0.785 | 0.383 | | |
| | 乐观 | PC19 | 0.833 | 0.306 | 0.877 | 0.640 |
| | | PC20 | 0.790 | 0.375 | | |
| | | PC21 | 0.793 | 0.371 | | |

员工绩效的验证性因素分析（CFA）报告如表4.7所示，各个显变量的因素

加权值在 0.609~0.917。任务绩效的 *CR* 值为 0.929，*AVE* 值为 0.767；关系绩效的 *CR* 值为 0.894，*AVE* 值为 0.683。同时，结构模型的 CMIN/DF、GFI、NFI、IFI、TLI、CFI、RMSEA 等拟合适配度指数较为理想，如表 4.4 所示。因此，员工绩效的验证性因素分析（CFA）通过检验，认为该变量的收敛效度较好。

表 4.7　员工绩效的验证性因素分析

| 变量 | 维度 | 编码 | 因素加权值 | 测量误差 | 组合信度 | AVE |
|---|---|---|---|---|---|---|
| 员工绩效 | 任务绩效 | TP1 | 0.917 | 0.159 | 0.929 | 0.767 |
|  |  | TP2 | 0.842 | 0.291 |  |  |
|  |  | TP3 | 0.862 | 0.256 |  |  |
|  |  | TP4 | 0.882 | 0.222 |  |  |
|  | 关系绩效 | RP1 | 0.609 | 0.629 | 0.894 | 0.683 |
|  |  | RP2 | 0.911 | 0.170 |  |  |
|  |  | RP3 | 0.907 | 0.177 |  |  |
|  |  | RP4 | 0.842 | 0.291 |  |  |

组织信任的验证性因素分析（CFA）报告如表 4.8 所示，各个显变量的因素加权值在 0.768~0.950，组织信任的 *CR* 值为 0.957，*AVE* 值为 0.763。同时，结构模型的 CMIN/DF、GFI、NFI、IFI、TLI、CFI、RMSEA 等拟合适配度指数在整体上较为理想，如表 4.4 所示。因此，组织信任的验证性因素分析（CFA）通过检验，认为该模型变量具有良好的收敛效度。

表 4.8　组织信任的验证性因素分析

| 变量名称 | 编码 | 因素加权值 | 测量误差 | 组合信度 | AVE |
|---|---|---|---|---|---|
| 组织信任 | OT1 | 0.800 | 0.360 | 0.957 | 0.763 |
|  | OT2 | 0.928 | 0.138 |  |  |
|  | OT3 | 0.822 | 0.324 |  |  |
|  | OT4 | 0.768 | 0.410 |  |  |
|  | OT5 | 0.934 | 0.127 |  |  |
|  | OT6 | 0.950 | 0.097 |  |  |
|  | OT7 | 0.896 | 0.197 |  |  |

权力距离的验证性因素分析（CFA）报告如表 4.9 所示，各个显变量的因素

加权值在 0.675~0.855，权力距离的 CR 值为 0.866，AVE 值为 0.566。同时，结构模型的 CMIN/DF、GFI、NFI、IFI、TLI、CFI、RMSEA 等拟合适配度指数在整体上相对可观，如表 4.4 所示。因此，权力距离的验证性因素分析（CFA）通过检验，认为该模型变量具有良好的收敛效度。

表 4.9 权力距离的验证性因素分析

| 变量名称 | 编码 | 因素加权值 | 测量误差 | 组合信度 | AVE |
| --- | --- | --- | --- | --- | --- |
| 权力距离 | PD1 | 0.855 | 0.268 | 0.866 | 0.566 |
|  | PD2 | 0.675 | 0.544 |  |  |
|  | PD3 | 0.737 | 0.456 |  |  |
|  | PD4 | 0.700 | 0.510 |  |  |
|  | PD5 | 0.781 | 0.390 |  |  |

#### 4.2.2.2 区分效度

使用弗奈尔-拉克准则（Fornell-Larcker criterion）进行区分效度的判别，其成立条件为构面上 AVE 的平方根的值大于该构面与其他构面的相关关系。测算结果如表 4.10 所示：对角线上的值是各个变量的 AVE，从表格的相关矩阵数据上观察，每一个构面与其他构面的相关系数均小于该构面的 AVE 的平方根，因此判断研究模型的变量之间具有良好的区分效度。

表 4.10 区分效度测算结果

| 指标 | 员工沉默行为 | 心理资本 | 员工绩效 | 组织信任 | 权力距离 |
| --- | --- | --- | --- | --- | --- |
| 员工沉默行为 | 0.615 |  |  |  |  |
| 心理资本 | -0.124** | 0.594 |  |  |  |
| 员工绩效 | -0.095* | 0.765** | 0.725 |  |  |
| 组织信任 | -0.236** | 0.582** | 0.602** | 0.763 |  |
| 权力距离 | 0.126** | 0.098* | 0.097* | 0.128** | 0.566 |
| AVE 的平方根 | 0.784 | 0.771 | 0.851 | 0.873 | 0.752 |

注　**在 0.01 水平（双侧）上显著相关；*在 0.05 水平（双侧）上显著相关。
　　对角线上的值为平均方差抽取量（AVE）。

## 4.3 共同方法偏差

共同方法偏差（CMV）是指因环境、被测量群体、测量方法等影响而产生非真实存在的变量关系（Podsakoff, Mackenzie, Lee, Podsakoff, 2003），这种假象的变量之间的关系，可能会对研究结果造成一定的偏差。

调查问卷的填写主要采用自评的方式进行，方法比较单一，具有一定的局限性。虽然在题项的设置上采取了有意打破变量界限，设置反向题目，隐去敏感性、指向性标题等方式，但共同方法偏差还是有出现的可能。所以，使用Harman's 单因子检验进行验证。

单因子检验认为，单一因子如果解释了方差的大多数，可认为其具有共同方法偏差现象。本研究将回收的634份有效样本问卷的共涉及53个题项的数据录入SPSS中进行因子分析，运算得知，其 *KMO* 值为 0.939，表明样本适合做因子分析。在未进行轴旋转的情况下，提取的第一个因子解释的方差累计占比为33.13%，没有达到一半，因此认为本研究样本数据的共同方法偏差不明显。

## 4.4 假设检验

在本部分，首先，对理论模型中的假设进行相关性分析；其次，进行中介效应检验；最后，验证组织信任、权力距离在该模型中的调节作用。

### 4.4.1 相关分析

运用SPSS软件对各个维度变量进行测算，得出各个维度变量的标准差、均值、变量之间的相关关系，如表4.10、表4.11所示。由于版面所限，将表格中的一些数据精确到小数点后两位，但为了不遗漏信息，文档中的数据按照小数点后三位进行报告，其中，员工沉默行为负向作用着心理资本（$r=-0.124^{**}$，$P<0.01$），呈现0.01水平上的显著性，假设H1得到支持。默许性沉默对心理资本的自信维度（$r=-0.022$），存在负向关联，但不显著，假设H1-1未得到支持。默许性沉默对心理资本的其他维度：希望（$r=0.014$）、韧性（$r=0.031$）、乐观（$r=0.015$），存在正向关联，但也不显著。所以，假设H1-2、H1-3、H1-4，均未得到支持。默许性沉默定义为员工自己认为自身位卑言轻，提的建议被采纳的可能性较小，并且提出建议的意义不大，因而选择沉默，该行为是一种不自信的表现。虽然，自己不提建议，默许一些问题的存在，但就其自身而言无争无为，

"穷开心"的心态比较乐观，本身也是抗压能力、恢复能力强的体现，能在"自我和解"中找到希望。防御性沉默与心理资本的4个维度，自信（$r=-0.071$）、希望（$r=-0.033$）、韧性（$r=-0.067$）、乐观（$r=-0.066$），都是存在负向关联，但是，均不显著，所以，假设H1-5、H1-6、H1-7、H1-8均未得到支持。从防御性沉默的定义来讲，这是一种出于自我保护的沉默行为，员工的臆断出发点是减少人际关系的负面影响，为了不得罪领导，不破坏同事及上下级关系而消极采取此行为，防御性沉默行为的增加会对员工的自信心、希望、韧性造成负面影响，但这种负向影响相对较弱，并不具有显著性。而出于自我保护的防御性沉默，并不代表其对组织缺乏信任，也许只是受制于环境氛围的一种适应性应对方式。随着时间的推移，员工在组织的活动中，会从短暂的负面影响中恢复，满怀着对企业整体的希望继续学习、工作和生活。漠视性沉默负向作用着心理资本的自信维度（$r=-0.229^{**}$，$P<0.01$），呈现0.01水平上的显著性；负向作用着心理资本的希望维度（$r=-0.240^{**}$，$P<0.01$），呈现0.01水平上的显著性；负向作用着心理资本的韧性维度（$r=-0.199^{**}$，$P<0.01$），呈现0.01水平上的显著性；负向作用着心理资本的乐观维度（$r=-0.250^{**}$，$P<0.01$），呈现0.01水平上的显著性，也即漠视性沉默负向作用着心理资本的4个维度，均呈现0.01水平上的显著性，因此，假设H1-9、H1-10、H1-11、H1-12都得到了支持。心理资本正向作用着员工绩效（$r=0.765^{**}$，$P<0.01$），呈现0.01水平上的显著性，其中，自信正向作用着任务绩效（$r=0.591^{**}$，$P<0.01$），呈现0.01水平上的显著性；自信正向作用着关系绩效（$r=0.575^{**}$，$P<0.01$），呈现0.01水平上的显著性；希望正向作用着任务绩效（$r=0.693^{**}$，$P<0.01$），呈现0.01水平上的显著性；希望正向作用着关系绩效（$r=0.625^{**}$，$P<0.01$），呈现0.01水平上的显著性；韧性正向作用着任务绩效（$r=0.642^{**}$，$P<0.01$），呈现0.01水平上的显著性；韧性正向作用着关系绩效（$r=0.672^{**}$，$P<0.01$），呈现0.01水平上的显著性；乐观正向作用着任务绩效（$r=0.618^{**}$，$P<0.01$），呈现0.01水平上的显著性；乐观正向作用着关系绩效（$r=0.695^{**}$，$P<0.01$），呈现0.01水平上的显著性，所以，假设H2、H2-1、H2-2、H2-3、H2-4、H2-5、H2-6、H2-7、H2-8，均得到了支持。员工沉默行为负向作用着员工绩效（$r=-0.095^{*}$，$P<0.05$），呈现0.05水平上的显著性，故假设H3得到了支持，其中，默许性沉默却正向作用着任务绩效（$r=0.110^{**}$，$P<0.01$），呈现0.01水平上的显著性，故假设H3-1未得到支持，组织中需要民主集中制的存在，一定程度上的默许行为，少数服从多数，有利于政令的统一，政策的自上而下的畅通执行，可促使任务绩效的高效达成；而默许性沉默负向关联着关系绩效（$r=$

−0.063），但不具有显著性，故假设 H3-2 也未得到支持，默许性沉默的存在，往往会在某些问题上缺乏有效沟通，加之信息不对称，容易造成误解和疑惑，不利于关系的处理。但关系绩效的影响因素复杂、动态多变，致使受默许性沉默的影响不具有唯一性和显著性。防御性沉默负向关联着任务绩效（$r=-0.009$），但是，不具有显著性，假设 H3-3 未得到支持，防御性沉默会对任务绩效的形成产生不利影响，但其初心主要还是怕破坏人际关系，所以，在总体影响相对固定的情况下，其对关系绩效的影响要比对任务绩效的影响明显。防御性沉默负向作用着关系绩效（$r=-0.097^*$，$P<0.05$），呈现 0.05 水平上的显著性，假设 H3-4 得到支持。漠视性沉默负向作用着任务绩效（$r=-0.185^{**}$，$P<0.01$），呈现 0.01 水平上的显著性；漠视性沉默负向作用着关系绩效（$r=-0.311^{**}$，$P<0.01$），呈现 0.01 水平上的显著性；假设 H3-5 得到支持，假设 H3-6 也得到支持。

表 4.11　变量的相关分析测算结果

| 维度 | $M$ | $SD$ | 1 | 2 | 3 | 4 | 5 | 6 | 7 | 8 | 9 | 10 | 11 |
| --- | --- | --- | --- | --- | --- | --- | --- | --- | --- | --- | --- | --- | --- |
| TS | 9.09 | 3.63 | 1 | | | | | | | | | | |
| DS | 8.65 | 3.68 | 0.68** | 1 | | | | | | | | | |
| IS | 6.96 | 3.13 | 0.52** | 0.66** | 1 | | | | | | | | |
| ZX | 20.64 | 3.83 | −0.02 | −0.07 | −0.23** | 1 | | | | | | | |
| XW | 20.19 | 3.72 | 0.01 | −0.03 | −0.24** | 0.78** | 1 | | | | | | |
| RX | 16.84 | 3.20 | 0.03 | −0.07 | −0.20** | 0.71** | 0.81** | 1 | | | | | |
| LG | 13.20 | 2.65 | 0.02 | −0.07 | −0.25** | 0.64** | 0.74** | 0.79** | 1 | | | | |
| TP | 13.44 | 2.31 | 0.11** | −0.01 | −0.19** | 0.59** | 0.69** | 0.64** | 0.62** | 1 | | | |
| RP | 13.27 | 2.36 | −0.06 | −0.097* | −0.31** | 0.58** | 0.63** | 0.67** | 0.70** | 0.72** | 1 | | |
| OT | 25.09 | 5.39 | −0.11** | −0.18** | −0.34** | 0.46** | 0.54** | 0.50** | 0.64** | 0.47** | 0.67** | 1 | |
| PD | 11.10 | 4.16 | −0.01 | 0.15** | 0.25** | 0.05 | 0.16** | 0.07 | 0.07 | 0.07 | 0.11** | 0.13** | 1 |

注　**在 0.01 水平（双侧）上显著相关；*在 0.05 水平（双侧）上显著相关（后同）。
　　四舍五入保留两位小数。M 代表均值，SD 代表标准差，默许性沉默用 TS 来表示；防御性沉默用 DS 来表示；漠视性沉默用 IS 来表示；ZX 代表自信；XW 代表希望；RX 代表韧性；LG 代表乐观；TP 代表任务绩效；RP 代表关系绩效；OT 代表组织信任；PD 代表权力距离。

### 4.4.2　心理资本的中介效应检验

行为科学家使用中介分析来理解一个效果运作的机制（Hayes，Rockwood，

2020)。中介效应检验的是 $X$ 怎么样作用的 $Y$（Yuan,Mackinnon,2009）。变量之间的中介效应检验结果可以分为：完全中介、部分中介以及无中介三种情况（Baron,Kenny,1986）。Bootstrap 的运算方法以变量得出的上限值、下限值在 95% 的置信区间内是否包括 0 来判断该变量的完全中介或部分中介（Mackinnon,2008）。在该置信区间内，检验得到的上限值与下限值之间包括 0，则不显著；若不包括 0，则显著。启动 PROCESS 程序，进行 Bootstrap 中介效应检验，设置 Model Number 的数值为 4，本研究预测算的模型符合第 4 类模型的类别（Preacher,Rucker,Hayes,2007），也是 Hayes 介绍的其中一种模型（Hayes,2013），将 Bootstrap Samples 的数值设置为 5000，置信水平设置为 95%，试着以员工沉默行为为自变量（$X$），员工绩效为因变量（$Y$），中介变量为心理资本（$M$）进行数据运算。在控制了性别、年龄、职位 3 个变量的情况下，实证检验心理资本的中介效应，运算结果如表 4.12 和表 4.13 所示。员工沉默行为显著负向关联着员工绩效（$B=-0.05$, $t=-2.62$, $P<0.01$），当中介变量心理资本加入后，员工沉默行为仍负向关联员工绩效（$B=-0.01$, $t=-0.91$），但是，不再显著。同时，员工沉默行为显著负向关联着心理资本（$B=-0.14$, $t=-2.66$, $P<0.01$），心理资本显著正向关联着员工绩效（$B=0.27$, $t=29.37$, $P<0.001$）。另外，由表 4.13 可知，心理资本的中介效应 Bootstrap 在 95% 的置信区间上 BootLL $CI$ 的值为 $-0.07$，BootUL $CI$ 的值为 $-0.01$，上下限之间的值不包括 0，这意味着，心理资本的中介效应显著。中介效应（$-0.04$）占到总效应的 77.16%。故而假设 H4 在 95% 的置信区间内得到支持。

表 4.12　心理资本的中介效应检验

| 变量 | 员工绩效 | | | | | | 心理资本 | | |
|---|---|---|---|---|---|---|---|---|---|
| | $B$ | $t$ | $P$ | $B$ | $t$ | $P$ | $B$ | $t$ | $P$ |
| 性别 | | 1.36 | 0.18 | | 0.13 | 0.90 | | -0.99 | 0.32 |
| 年龄 | | 2.43 | 0.02 | | 3.94 | 0.00 | | 3.09 | 0.00 |
| 职位 | | -2.01 | 0.04 | | 0.78 | 0.44 | | 2.75 | 0.01 |
| 员工沉默行为 | -0.01 | -0.91 | 0.36 | -0.05 | -2.62 | 0.01 | -0.14 | -2.66 | 0.01 |
| 心理资本 | 0.27 | 29.37 | 0.00 | | | | | | |
| $R^2$ | | 0.59 | | | 0.04 | | | 0.05 | |
| $F$ | | 183.30 | | | 5.71 | | | 8.14 | |

注　数值四舍五入保留两位小数。

表 4.13　中介效应、直接效应及总效应列表

| 效应 | Effect | Boot SE | BootLL CI | BootUL CI | 效应占比/% |
|------|--------|---------|-----------|-----------|-----------|
| 中介效应 | -0.04 | 0.02 | -0.07 | -0.01 | 77.16 |
| 直接效应 | -0.01 | 0.01 | -0.03 | 0.01 | 22.84 |
| 总效应 | -0.05 | 0.02 | -0.09 | -0.01 | |

注　数值四舍五入保留两位小数。

#### 4.4.2.1　自信维度的中介效应检验

中介效应检验的是 $X$ 怎么样作用的 $Y$（Yuan，Mackinnon，2009）。Bootstrap 的运算方法以变量得出的上限值、下限值在95%的置信区间内是否包括0来判断该变量中介效应的显著性（Mackinnon，2008）。在该置信区间内，检验得到的上限值与下限值之间包括0，则不显著；若不包括0，则显著。启动 PROCESS 程序，进行 Bootstrap 中介效应检验，设置 Model Number 的数值为4，本研究预测算的模型符合第4类模型的类别（Preacher，et al.，2007），也是 Hayes 介绍的其中一种模型（Hayes，2013），将 Bootstrap Samples 的数值设置为5000，置信水平设置为95%，试着以员工沉默行为为自变量（$X$），员工绩效为因变量（$Y$），中介变量为自信（$M$）进行数据运算。在控制了性别、年龄、职位3个变量的情况下，实证检验自信的中介效应，运算结果如表4.14和表4.15所示。员工沉默行为显著负向关联着员工绩效（$B=-0.05$，$t=-2.62$，$P<0.01$），当中介变量自信加入后，员工沉默行为仍负向关联员工绩效（$B=-0.02$，$t=-1.51$），但是，不再显著。同时，员工沉默行为显著负向关联着自信（$B=-0.03$，$t=-2.3$，$P<0.05$），自信显著正向关联着员工绩效（$B=0.78$，$t=19.71$，$P<0.001$）。另外，由表4.15可知，自信的中介效应 Bootstrap 在95%的置信区间上 BootLL CI 的值为-0.054，BootUL CI 的值为-0.001，上下限之间的值不包括0，意味着，自信的中介效应显著。中介效应（-0.026）占到总效应的54.32%。故而，心理资本变量的自信维度的中介效应显著。

表 4.14　自信维度的中介效应检验

| 变量 | 员工绩效 | | | | | | 自信 | | |
|------|---|---|---|---|---|---|---|---|---|
| | $B$ | $t$ | $P$ | $B$ | $t$ | $P$ | $B$ | $t$ | $P$ |
| 性别 | | 0.56 | 0.58 | | 0.13 | 0.90 | | -0.50 | 0.62 |

续表

| 变量 | 员工绩效 | | | | | | 自信 | | |
|---|---|---|---|---|---|---|---|---|---|
| | B | t | P | B | t | P | B | t | P |
| 年龄 | | 3.02 | 0.00 | | 3.94 | 0.00 | | 2.51 | 0.01 |
| 职位 | | -2.22 | 0.03 | | 0.78 | 0.44 | | 4.12 | 0.00 |
| 员工沉默行为 | -0.02 | -1.51 | 0.13 | -0.05 | -2.62 | 0.01 | -0.03 | -2.30 | 0.02 |
| 自信 | 0.78 | 19.71 | 0.00 | | | | | | |
| $R^2$ | | 0.40 | | | 0.04 | | | 0.06 | |
| F | | 85.08 | | | 5.71 | | | 9.53 | |

注 数值四舍五入保留两位小数。

**表 4.15 中介效应、直接效应及总效应列表（自信）**

| 效应 | Effect | Boot SE | BootLL CI | BootUL CI | 效应占比/% |
|---|---|---|---|---|---|
| 中介效应 | -0.026 | 0.013 | -0.054 | -0.001 | 54.32 |
| 直接效应 | -0.022 | 0.015 | -0.051 | 0.007 | 45.68 |
| 总效应 | -0.049 | 0.019 | -0.085 | -0.012 | |

注 数值四舍五入保留三位小数。

#### 4.4.2.2 希望维度的中介效应检验

中介效应检验的是 X 怎么样作用的 Y（Yuan, et al., 2009）。Bootstrap 的运算方法以变量得出的上限值、下限值在95%的置信区间内是否包括0来判断该变量中介效应的显著性（Mackinnon, 2008）。在该置信区间内，检验得到的上限值与下限值之间包括0，则不显著；若不包括0，则显著。启动 PROCESS 程序，进行 Bootstrap 中介效应检验，设置 Model Number 的数值为4，本研究预测算的模型符合第4类模型的类别（Preacher, et al., 2007），也是 Hayes 介绍的其中一种模型（Hayes, 2013），将 Bootstrap Samples 的数值设置为5000，置信水平设置为95%，试着以员工沉默行为为自变量（X），员工绩效为因变量（Y），中介变量为希望（M）进行数据运算。在控制了性别、年龄、职位3个变量的情况下，实证检验希望的中介效应，运算结果如表4.16和表4.17所示。员工沉默行为显著负向关联着员工绩效（B=-0.05，t=-2.62，P<0.01），当中介变量希望加入后，员工沉默行为仍负向关联着员工绩效（B=-0.02，t=-1.33），但是，不再

显著。同时，员工沉默行为显著负向关联着希望（$B = -0.03$，$t = -2.37$，$P < 0.05$），希望显著正向关联着员工绩效（$B = 0.92$，$t = 25.24$，$P < 0.001$）。另外，由表4.17可知，希望的中介效应Bootstrap在95%的置信区间上BootLL $CI$ 的值为 $-0.064$，BootUL $CI$ 的值为 $-0.001$，上下限之间的值不包括0，这意味着，希望的中介效应显著。中介效应（$-0.031$）占到总效应的63.99%。故而，心理资本变量的希望维度的中介效应显著。

表4.16　希望维度的中介效应检验

| 变量 | 员工绩效 | | | | | | 希望 | | |
| --- | --- | --- | --- | --- | --- | --- | --- | --- | --- |
| | $B$ | $t$ | $P$ | $B$ | $t$ | $P$ | $B$ | $t$ | $P$ |
| 性别 | | 1.98 | 0.05 | | 0.13 | 0.90 | | -1.79 | 0.07 |
| 年龄 | | 1.22 | 0.22 | | 3.94 | 0.00 | | 4.32 | 0.00 |
| 职位 | | -0.47 | 0.64 | | 0.78 | 0.44 | | 1.57 | 0.12 |
| 员工沉默行为 | -0.02 | -1.33 | 0.19 | -0.05 | -2.62 | 0.01 | -0.03 | -2.37 | 0.02 |
| 希望 | 0.92 | 25.24 | 0.00 | | | | | | |
| $R^2$ | | 0.52 | | | 0.04 | | | 0.05 | |
| $F$ | | 136.64 | | | 5.71 | | | 8.81 | |

注　数值四舍五入保留两位小数。

表4.17　中介效应、直接效应及总效应列表（希望）

| 效应 | Effect | Boot SE | BootLL CI | BootUL CI | 效应占比/% |
| --- | --- | --- | --- | --- | --- |
| 中介效应 | -0.031 | 0.016 | -0.064 | -0.001 | 63.99 |
| 直接效应 | -0.017 | 0.013 | -0.043 | 0.008 | 35.80 |
| 总效应 | -0.049 | 0.019 | -0.085 | -0.012 | |

注　数值四舍五入保留三位小数。

#### 4.4.2.3　韧性维度的中介效应检验

中介效应检验的是 $X$ 怎么样作用的 $Y$（Yuan, et al., 2009）。Bootstrap的运算方法以变量得出的上限值、下限值在95%的置信区间内是否包括0来判断该变量中介效应的显著性（Mackinnon, 2008）。在该置信区间内，检验得到的上限值与下限值之间包括0，则不显著；若不包括0，则显著。启动PROCESS程序，进行 Bootstrap 中介效应检验，设置 Model Number 的数值为 4，本研究预测算的模型符合第 4 类模型的类别（Preacher, et al., 2007），也是 Hayes 介绍的其中一种模型（Hayes, 2013），将 Bootstrap Samples 的数值设置为 5000，置信水平设置为 95%，试着以员工沉默行为为自变量（$X$），员工绩效为因变量（$Y$），中介变量为韧性（$M$）进行数据运算。在控制了性别、年龄、职位 3 个变量的情况下，实证检验韧性的中介效应，运算结果如表 4.18 和表 4.19 所示。员工沉默行为显著负向关联着员工绩效（$B=-0.05$，$t=-2.62$，$P<0.01$），当中介变量韧性加入后，员工沉默行为仍负向关联着员工绩效（$B=-0.02$，$t=-1.63$），但是，不再显著。同时，员工沉默行为显著负向关联着韧性（$B=-0.03$，$t=-2.07$，$P<0.05$），韧性显著正向关联着员工绩效（$B=1.04$，$t=24.63$，$P<0.001$）。另外，由表 4.19 可知，韧性的中介效应 Bootstrap 在 95% 的置信区间上 BootLL CI 的值为 -0.055，BootUL CI 的值为 -0.001，上下限之间的值不包括 0，这意味着，韧性的中介效应显著。中介效应（-0.027）占到总效应的 55.35%。故而，心理资本变量的韧性维度的中介效应显著。

表 4.18 韧性维度的中介效应检验

| 变量 | 员工绩效 | | | | | | 韧性 | | |
| --- | --- | --- | --- | --- | --- | --- | --- | --- | --- |
| | $B$ | $t$ | $P$ | $B$ | $t$ | $P$ | $B$ | $t$ | $P$ |
| 性别 | | 1.64 | 0.10 | | 0.13 | 0.90 | | -1.48 | 0.14 |
| 年龄 | | 2.50 | 0.01 | | 3.94 | 0.00 | | 3.06 | 0.00 |
| 职位 | | 0.04 | 0.97 | | 0.78 | 0.44 | | 1.08 | 0.28 |
| 员工沉默行为 | -0.02 | -1.63 | 0.10 | -0.05 | -2.62 | 0.01 | -0.03 | -2.07 | 0.04 |
| 韧性 | 1.04 | 24.63 | 0.00 | | | | | | |
| $R^2$ | | 0.51 | | | 0.04 | | | 0.03 | |
| $F$ | | 130.33 | | | 5.71 | | | 5.03 | |

注 数值四舍五入保留两位小数。

表 4.19 中介效应、直接效应及总效应列表（韧性）

| 效应 | Effect | Boot SE | BootLL CI | BootUL CI | 效应占比/% |
| --- | --- | --- | --- | --- | --- |
| 中介效应 | -0.027 | 0.014 | -0.055 | -0.001 | 55.35 |
| 直接效应 | -0.022 | 0.013 | -0.048 | 0.005 | 44.44 |

续表

| 效应 | Effect | Boot SE | BootLL CI | BootUL CI | 效应占比/% |
|---|---|---|---|---|---|
| 总效应 | -0.049 | 0.019 | -0.085 | -0.012 | |

注 数值四舍五入保留三位小数。

#### 4.4.2.4 乐观维度的中介效应检验

中介效应检验的是 $X$ 怎么样作用的 $Y$（Yuan, et al., 2009）。Bootstrap 的运算方法以变量得出的上限值、下限值在 95% 的置信区间内是否包括 0 来判断该变量中介效应的显著性（Mackinnon, 2008）。在该置信区间内，检验得到的上限值与下限值之间包括 0，则不显著；若不包括 0，则显著。启动 PROCESS 程序，进行 Bootstrap 中介效应检验，设置 Model Number 的数值为 4，本研究预测算的模型符合第 4 类模型的类别（Preacher, et al., 2007），也是 Hayes 介绍的其中一种模型（Hayes, 2013），将 Bootstrap Samples 的数值设置为 5000，置信水平设置为 95%，试着以员工沉默行为为自变量（$X$），员工绩效为因变量（$Y$），中介变量为乐观（$M$）进行数据运算。在控制了性别、年龄、职位 3 个变量的情况下，实证检验乐观的中介效应，运算结果如表 4.20 和表 4.21 所示。员工沉默行为显著负向关联着员工绩效（$B=-0.05$, $t=-2.62$, $P<0.01$），当中介变量乐观加入后，员工沉默行为仍负向关联着员工绩效（$B=-0.02$, $t=-1.23$），但是，不再显著。同时，员工沉默行为显著负向关联着乐观（$B=-0.03$, $t=-2.47$, $P<0.01$），乐观显著正向关联着员工绩效（$B=1.26$, $t=24.81$, $P<0.001$）。另外，由表 4.21 可知，乐观的中介效应 Bootstrap 在 95% 的置信区间上 BootLLCI 的值为 -0.059，BootULCI 的值为 -0.006，上下限之间的值不包括 0，这意味着，乐观的中介效应显著。中介效应（-0.032）占到总效应的 66.26%。故而，心理资本变量的乐观维度的中介效应显著。

表 4.20 乐观维度的中介效应检验

| 变量 | 员工绩效 ||| 员工绩效 ||| 乐观 |||
|---|---|---|---|---|---|---|---|---|---|
| | $B$ | $t$ | $P$ | $B$ | $t$ | $P$ | $B$ | $t$ | $P$ |
| 性别 | | -0.63 | 0.53 | | 0.13 | 0.90 | | 0.83 | 0.41 |
| 年龄 | | 3.84 | 0.00 | | 3.94 | 0.00 | | 1.71 | 0.09 |
| 职位 | | -1.09 | 0.28 | | 0.78 | 0.44 | | 2.22 | 0.03 |

续表

| 变量 | 员工绩效 ||| 员工绩效 ||| 乐观 |||
|---|---|---|---|---|---|---|---|---|---|
|  | B | t | P | B | t | P | B | t | P |
| 员工沉默行为 | -0.02 | -1.23 | 0.22 | -0.05 | -2.62 | 0.01 | -0.03 | -2.47 | 0.01 |
| 乐观 | 1.26 | 24.81 | 0.00 |  |  |  |  |  |  |
| $R^2$ |  | 0.51 |  |  | 0.04 |  |  | 0.03 |  |
| F |  | 132.16 |  |  | 5.71 |  |  | 4.05 |  |

注 数值四舍五入保留两位小数。

表 4.21 中介效应、直接效应及总效应列表（乐观）

| 效应 | Effect | Boot SE | BootLL CI | BootUL CI | 效应占比/% |
|---|---|---|---|---|---|
| 中介效应 | -0.032 | 0.014 | -0.059 | -0.006 | 66.26 |
| 直接效应 | -0.016 | 0.013 | -0.042 | 0.010 | 33.74 |
| 总效应 | -0.049 | 0.019 | -0.085 | -0.012 |  |

注 数值四舍五入保留三位小数。

### 4.4.3 调节作用检验

行为科学家使用调节分析来理解意外事件或效果的边界条件（Hayes, et al., 2020）。调节效应的目的在于探讨自变量 X 是什么时候对因变量 Y 产生影响的或者在什么时候的影响较大（Muller, et al., 2005）。如果说模型中的变量多于 3 个，中介、调节可能会并存（叶宝娟, 等, 2013）。依据变量在模型中的不同位置与作用，就会出现多种组合模型，主要有有调节的中介和有中介的调节模型（温忠麟, 等, 2006），对于自变量、因变量来讲，前一个模型，强调的核心是中介效应；后一个模型，主要探讨的是调节及相关作用（温忠麟, 等, 2014）。同时，这两种模型还被统称为混合模型，然而，PROCESS 工具的发明者 Hayes 于 2020 年正式用条件过程分析（Conditional Process Analysis）代替有调节的中介和有中介的调节（Hayes, et al., 2020）。

本研究主要探讨的是员工沉默行为和员工绩效之间的作用机制，在心理资本的中介效应下，组织信任与权力距离的调节作用。另外，需要说明的是，限于软件运行字符要求及版面需求，下文表述中的沉默为员工沉默行为的简写，心理为心理资本的简写，绩效为员工绩效的简写，权力为权力距离的简写，信任为组织信任的简写。

#### 4.4.3.1 组织信任的调节作用

以员工沉默行为为自变量（$X$），心理资本为中介变量（$M$），员工绩效为因变量（$Y$），组织信任为调节变量（$W$），加入控制变量年龄、职位类别。当我们在不确定组织信任作为调节变量在这一模型中的作用位置是直接路径、前路径、后路径以及是否显著的情况下，运行 PROCESS 插件，按照预设的 59 号全模型类型进行理论模型甄别，运算结果如表 4.22 所示。组织信任对员工沉默行为（$X$）与心理资本（$M$）之间的中介前调节（$a$），交互项员工沉默行为×组织信任（$T=-1.841$，$P=0.006$），BootLL $CI=-0.029$，BootUL $CI=0.001$，上下限之间包括 0，因此，不显著；组织信任对员工沉默行为（$X$）与员工绩效（$Y$）之间的直接效应调节（$C'$），交互项员工沉默行为×组织信任（$T=-0.130$，$P=0.896$），BootLL $CI=-0.004$，BootUL $CI=0.004$，上下限之间包括 0，因此，不显著；组织信任对员工沉默行为（$X$）与员工绩效（$Y$）之间的中介后调节（$b$），交互项心理资本×组织信任（$T=2.253$，$P=0.025$），BootLL $CI=0.001$，BootUL $CI=0.007$，上下限之间不包括 0，因此，组织信任在 0.05 水平上显著，也即组织信任显著调节着心理资本与员工绩效之间的关系。

表 4.22 组织信任的调节作用

| 指标 | Coeff | Boot SE | $T$ | $P$ | BootLL $CI$ | BootUL $CI$ |
| --- | --- | --- | --- | --- | --- | --- |
| 沉默×信任（$a$） | -0.014 | 0.008 | -1.841 | 0.006 | -0.029 | 0.001 |
| 沉默×信任（$C'$） | 0.000 | 0.002 | -0.130 | 0.896 | -0.004 | 0.004 |
| 心理×信任（$b$） | 0.004 | 0.002 | 2.253 | 0.025 | 0.001 | 0.007 |

**注** 数值四舍五入保留三位小数。

为了对以上的检验结果进行核实，现对组织信任的调节作用进行依次检验。对于调节作用的检验，可以先从混合模型着手（温忠麟，等，2006）。检验程序可以按照以下三个回归方程来进行：

首先，做因变量 $Y$ 对自变量 $X$、调节变量 $U$、交互项 $UX$ 的回归方程：

$$Y=c_0+c_1X+c_2U+c_3UX+e_1$$

其次，做中介变量 $W$ 对自变量 $X$、调节变量 $U$、交互项 $UX$ 的回归方程：

$$W=a_0+a_1X+a_2U+a_3UX+e_2$$

最后，做因变量 $Y$ 对自变量 $X$、调节变量 $U$、交互项 $UX$、中介变量 $W$、交互项 $UW$ 的回归方程：

$$Y = C'_0 + C'_1X + C'_2U + C'_3UX + b_1W + b_2UW + e_3$$

在对数据进行了相关处理后，按照以上3个回归方程依次对样本做了检验，数据检测结果如表4.23所示。方程1以员工绩效（$Y$）为效标，检验的是组织信任对员工沉默行为与员工绩效之间关系的调节效应；方程2以心理资本（$W$）为效标，检验的是组织信任对员工沉默行为与心理资本之间关系的调节效应；方程3以员工绩效（$Y$）为效标，进行员工绩效对员工沉默行为、组织信任、组织信任与员工沉默行为的乘积、心理资本、组织信任与心理资本的乘积的回归分析。结果显示，交互项员工沉默行为与组织信任在方程1和方程2上的调节效应均不显著，也即组织信任在员工沉默行为与员工绩效这条路径上的调节效应不显著，同时，组织信任在员工沉默行为与心理资本之间的调节效应也不显著。然而，组织信任与心理资本的乘积在方程3的调节效应影响方面，$\beta=0.057$，$t=2.253^*$，$P<0.05$，并且在95%的置信区间内 BootLL $CI=0.001$，BootUL $CI=0.007$，上下限之间不包括0，因此，组织信任在心理资本与员工绩效之间的调节作用显著。同时，方程3中加入中介变量的回归分析后依然显著，在该路径上的中介变量心理资本的 $\beta=0.628$，$t=20.861^{***}$，$P<0.001$，中介效应也显著，且与PROCESS运行的结果完全一致。这说明，在整个模型中既存在组织信任的调节效应也有心理资本的中介效应。经过数据实证检验，符合PROCESS中Model Number的14号模型，组织信任的调节作用模型见图4.1。

表4.23 组织信任的调节作用检验

| 参数 | 方程1（效标 $Y$） | | | | 方程2（效标 $W$） | | | | 方程3（效标 $Y$） | | | |
|---|---|---|---|---|---|---|---|---|---|---|---|---|
| | $\beta$ | $t$ | 95.0%$CI$ | | $\beta$ | $t$ | 95.0%$CI$ | | $\beta$ | $t$ | 95.0%$CI$ | |
| X | 0.04 | 1.29 | −0.01 | 0.05 | 0.04 | 1.04 | −0.04 | 0.14 | 0.03 | 0.96 | −0.01 | 0.04 |
| W | 0.62 | 18.05*** | 0.48 | 0.60 | 0.59 | 16.92*** | 1.31 | 1.65 | 0.26 | 8.09*** | 0.18 | 0.29 |
| WX | −0.04 | −1.18 | −0.01 | 0.00 | −0.06 | −1.84 | −0.03 | 0.00 | 0.00 | −0.13 | 0.00 | 0.00 |
| WM | | | | | | | | | 0.06 | 2.25* | 0.00 | 0.01 |
| M | | | | | | | | | 0.63 | 20.86*** | 0.20 | 0.24 |
| A | 0.05 | 1.40 | −0.11 | 0.68 | 0.02 | 0.47 | −0.88 | 1.42 | 0.03 | 1.11 | −0.13 | 0.48 |
| JC | −0.03 | −0.83 | −0.46 | 0.19 | 0.07 | 2.1* | 0.07 | 1.93 | −0.07 | −2.78** | −0.60 | −0.10 |
| $R^2$ | 0.37 | | | | 0.35 | | | | 0.63 | | | |
| F | 73.33*** | | | | 66.96*** | | | | 153.79*** | | | |

注 四舍五入保留两位小数。X 代表员工沉默行为，W 代表组织信任，WX 代表交互项沉默与信任，WM 代表交互项心理与信任，M 代表心理资本，A 代表年龄，JC 代表职位类别。

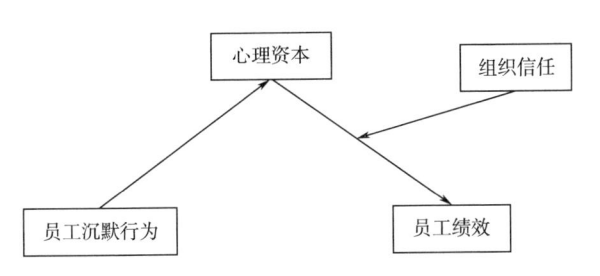

图 4.1 组织信任的调节作用模型图

同时，运用回归方程得到的加减一个标准差的数值，进行组织信任在该模型上的调节作用的斜率分析制图（图 4.2）。由图 4.2 可知，在增加一个标准差的情况下，组织信任水平较高的员工，心理资本与员工绩效之间具有显著的正向影响，简单斜率为 0.239，$t = 18.340$，$P<0.001$；然而，在减少一个标准差的情况下，组织信任水平较低的员工，心理资本与员工绩效之间也具有显著的正向影响，但是其预测作用相对较小，简单斜率为 0.201，$t = 14.483$，$P<0.001$，也就意味着，低分组的组织信任会对高分组的组织信任产生消弱作用。随着员工组织信任水平的减弱，心理资本对员工绩效之间的正向影响也会消弱；而随着员工组织信任水平的增强，心理资本对员工绩效之间的正向影响也会增强。员工沉默行为通过心理资本影响员工绩效，而这一过程会受到组织信任的中介后调节。因此，组织信任正向调节着心理资本与员工绩效之间的正相关关系，该研究模型称为有调节的中介模型。因为员工沉默行为的产生本身就是个体对组织缺乏有效的

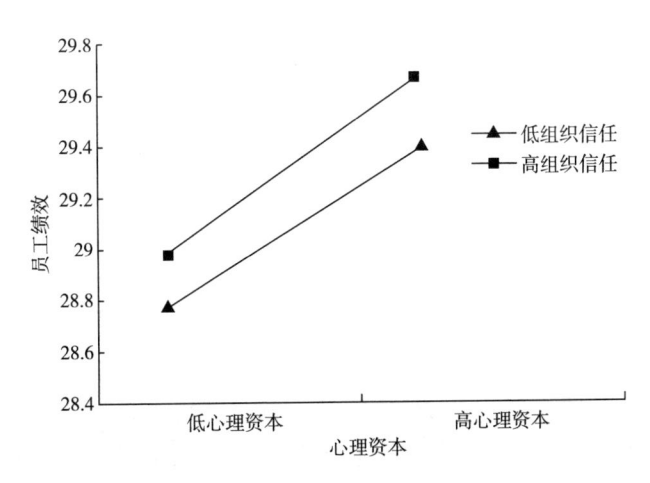

图 4.2 组织信任对心理资本与员工绩效之间的调节

组织信任的表现，即使再对其进行信任的激励，也难以找到突破口，不利于在短期内抑制沉默行为，造成了组织信任在员工沉默行为与心理资本之间的调节作用不显著，故理论模型假设中的 H5 未得到支持。

#### 4.4.3.2 权力距离的调节作用

以员工沉默行为为自变量（$X$），心理资本为中介变量（$M$），员工绩效为因变量（$Y$），权力距离为调节变量（$W$），加入控制变量年龄、职位类别。当我们在不确定组织信任作为调节变量在这一模型中的作用位置是直接路径、前路径、后路径以及是否显著的情况下，运行 Process 插件，按照预设的 59 号全模型类型进行理论模型甄别，运算结果如表 4.24 所示。权力距离对员工沉默行为（$X$）与心理资本（$M$）之间的中介前调节（$a$），交互项员工沉默行为×权力距离（$T=2.119^*$，$P=0.035$），BootLL$CI=0.002$，BootUL$CI=0.042$，上下限之间不包括 0，因此，权力距离在 0.05 水平上显著；权力距离对员工沉默行为（$X$）与员工绩效（$Y$）之间的直接效应调节（$C'$），交互项员工沉默行为×权力距离（$T=-1.264$，$P=0.207$），BootLL$CI=-0.008$，BootUL$CI=0.002$，上下限之间包括 0，因此，不显著；权力距离对员工沉默行为（$X$）与员工绩效（$Y$）之间的中介后调节（$b$），交互项心理资本×权力距离（$T=0.453$，$P=0.651$），BootLL$CI=-0.003$，BootUL$CI=0.005$，上下限之间包括 0，因此，不显著。由以上的数据分析显示，权力距离对员工沉默行为与员工绩效之间的调节作用为中介变量前调节（$a$），交互项员工沉默行为×权力距离显著，因而，权力距离在模型中介前的调节作用显著。

表 4.24 权力距离的调节作用

| 参数 | Coeff | BootSE | T | P | BootLLCI | BootULCI |
| --- | --- | --- | --- | --- | --- | --- |
| 沉默×权力（$a$） | 0.022 | 0.010 | 2.119 | 0.035 | 0.002 | 0.042 |
| 沉默×权力（$C'$） | -0.003 | 0.002 | -1.264 | 0.207 | -0.008 | 0.002 |
| 心理×权力（$b$） | 0.001 | 0.002 | 0.453 | 0.651 | -0.003 | 0.005 |

注 数值四舍五入保留三位小数。

为了对以上的检验结果进行核实，现对权力距离的调节作用进行依次检验。对于调节作用的检验，可以先从混合模型着手（温忠麟，等，2006）。检验程序可以按照以下三个回归方程来进行：

首先，做因变量 $Y$ 对自变量 $X$、调节变量 $U$、交互项 $UX$ 的回归方程：

$$Y = c_0 + c_1X + c_2U + c_3UX + e_1$$

其次,做中介变量 $W$ 对自变量 $X$、调节变量 $U$、交互项 $UX$ 的回归方程:

$$W = a_0 + a_1X + a_2U + a_3UX + e_2$$

最后,做因变量 $Y$ 对自变量 $X$、调节变量 $U$、交互项 $UX$、中介变量 $W$、交互项 $UW$ 的回归方程:

$$Y = C'_0 + C'_1X + C'_2U + C'_3UX + b_1W + b_2UW + e_3$$

在对数据进行了相关处理后,按照以上 3 个回归方程依次对样本做了检验,数据检测结果如表 4.25 所示。方程 1 以员工绩效($Y$)为效标,检验的是权力距离对员工沉默行为与员工绩效之间关系的调节作用;方程 2 以心理资本($W$)为效标,检验的是权力距离对员工沉默行为与心理资本之间关系的调节作用;方程 3 以员工绩效($Y$)为效标,进行员工绩效对员工沉默行为、权力距离、权力距离与员工沉默行为的乘积、心理资本、权力距离与心理资本的乘积的回归分析。结果显示,交互项员工沉默行为与权力距离在方程 1 和方程 3 上的调节作用均不显著,也即权力距离在员工沉默行为与员工绩效这条路径上的调节作用不显著,同时,权力距离在心理资本与员工绩效之间的调节作用也不显著。然而,权力距离与员工沉默行为的乘积在方程 2 上的调节作用影响方面,$\beta = 0.002$,$t = 2.119^*$,$P < 0.05$,并且在 95% 的置信区间内 BootLL$CI$ = 0.002,BootUL$CI$ = 0.042,上下限之间不包括 0,因此,权力距离在模型中介前的调节作用显著。同时,在这个模型当中,心理资本所起的中介效应回归分析显示依然显著,在该路径上的中介变量心理资本的 $\beta = 0.765$,$t = 29.042^{***}$,$P < 0.001$,中介效应显著,且与 PROCESS 运行的结果完全一致。这说明,在整个模型中既存在权力距离的调节效应也有心理资本的中介效应。经过数据实证检验,符合 PROCESS 中 Model Number 的 7 号模型,权力距离的调节作用模型见图 4.3。

表 4.25 权力距离的调节作用检验

| 参数 | 方程 1(效标 $Y$) $\beta$ | $t$ | 95.0%$CI$ | | 方程 2(效标 $W$) $\beta$ | $t$ | 95.0%$CI$ | | 方程 3(效标 $Y$) $\beta$ | $t$ | 95.0%$CI$ | |
|---|---|---|---|---|---|---|---|---|---|---|---|---|
| X | −0.12 | −2.99** | −0.09 | −0.02 | −0.13 | −3.32** | −0.28 | −0.07 | −0.02 | −0.73 | −0.03 | 0.02 |
| W | 0.10 | 2.45* | 0.02 | 0.20 | 0.10 | 2.47* | 0.07 | 0.57 | 0.02 | 0.59 | −0.05 | 0.09 |
| WX | 0.03 | 0.79 | −0.004 | 0.01 | 0.08 | 2.12* | 0.002 | 0.04 | −0.03 | −1.26 | −0.01 | 0.00 |
| WM | | | | | | | | | 0.01 | 0.45 | −0.003 | 0.01 |
| M | | | | | | | | | 0.77 | 29.04*** | 0.25 | 0.29 |

续表

| 参数 | 方程1（效标Y） | | | 方程2（效标W） | | | 方程3（效标Y） | | |
|---|---|---|---|---|---|---|---|---|---|
| | $\beta$ | $t$ | 95.0%CI | $\beta$ | $t$ | 95.0%CI | $\beta$ | $t$ | 95.0%CI |
| A | 0.15 | 3.79*** | 0.44  1.40 | 0.12 | 2.94** | 0.67  3.37 | 0.06 | 2.39* | 0.07  0.70 |
| JC | 0.03 | 0.79 | −0.24  0.55 | 0.13 | 3.21** | 0.70  2.93 | −0.07 | −2.51* | −0.60  −0.07 |
| $R^2$ | | 0.05 | | | 0.07 | | | 0.59 | |
| F | | 6.04*** | | | 8.82*** | | | 130.69*** | |

注 四舍五入保留两位小数。X 代表员工沉默行为，W 代表权力距离，WX 代表交互项沉默与权力，WM 代表交互项心理与权力，M 代表心理资本，A 代表年龄，JC 代表职位类别。

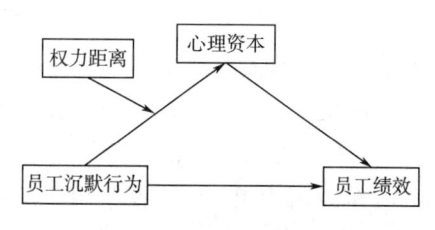

**图 4.3 权力距离的调节作用模型图**

同时，运用回归方程得到的加减一个标准差的数值，进行权力距离在该模型上的调节作用的斜率分析制图（图 4.4）。由图 4.4 可知，在增加一个标准差的情况下，权力距离感知水平较高的员工，简单斜率为 −0.085，$t=-1.352$；然而，在减少一个标准差的情况下，权力距离感知水平较低的员工，员工沉默行为与心理资本之间具有显著的负向影响，其预测作用相对较大，简单斜率为 −0.264，$t=-3.694$，$P<0.001$，也就意味着，高分组的权力距离会对低分组的权力距离产生增强作用。随着员工权力距离感知水平的增加，员工沉默行为对心理资本之间的负向影响也会增强；而随着员工权力距离感知水平的减弱，员工沉默行为对心理资本之间的负向影响也会减弱。员工沉默行为通过心理资本影响员工绩效，而这一过程会受到权力距离的中介前调节。因此，权力距离正向调节着员工沉默行为对心理资本之间的负相关关系，该研究模型，称为有调节的中介模型，故理论模型假设中的 H6 得到支持。

#### 4.4.3.3 组织信任与权力距离的共同调节作用

以员工沉默行为为自变量（X），心理资本为中介变量（M），员工绩效为因

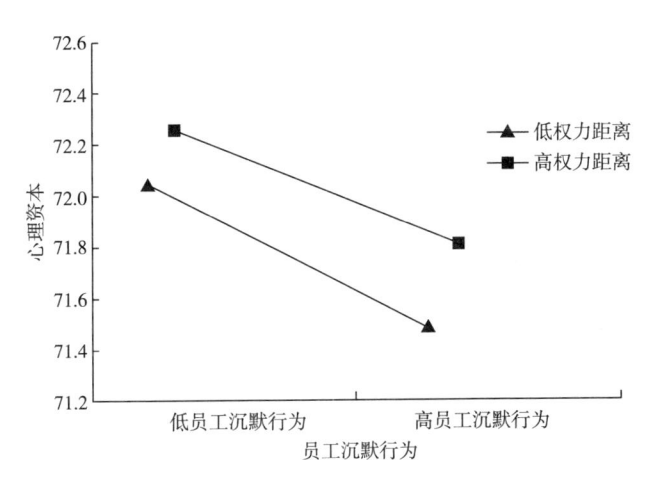

图 4.4 权力距离对员工沉默行为与心理资本之间的调节

变量（$Y$），权力距离为调节变量（$W$），组织信任为调节变量（$Z$），加入控制变量年龄、职位类别。通过前面对权力距离、组织信任在模型中的调节分析检验，已经得知权力距离为中介变量的前路径调节，组织信任为中介变量的后路径调节。运行 PROCESS 插件，按照预设的 59 号全模型类型进行理论模型甄别，运算结果如表 4.26 所示。权力距离对员工沉默行为（$X$）与员工绩效（$Y$）之间的中介前调节（$a$），交互项员工沉默行为×权力距离（$T=2.1185$，$P=0.0345$），BootLL$CI$=0.0016，BootUL$CI$=0.0416，上下限之间不包括 0，因此，权力距离在 0.05 水平上显著；组织信任对员工沉默行为（$X$）与员工绩效（$Y$）之间的中介后调节（$b$），交互项心理资本×组织信任（$T=2.2507$，$P=0.0247$），BootLL$CI$=0.0004，BootUL$CI$=0.0066，上下限之间不包括 0，因此，组织信任在 0.05 水平上也显著。由以上的数据分析显示，权力距离、组织信任对员工沉默行为与员工绩效之间的调节作用分别为中介变量前调节（$a$）、中介变量后调节（$b$），交互项员工沉默行为×权力距离显著、交互项心理资本×组织信任也显著。所以，权力距离和组织信任在员工沉默行为（$X$）与员工绩效（$Y$）之间具有显著的调节作用。

表 4.26 权力距离、组织信任的共同调节作用

| 参数 | $Coeff$ | Boot$SE$ | $t$ | $P$ | BootLL$CI$ | BootUL$CI$ |
| --- | --- | --- | --- | --- | --- | --- |
| 沉默×权力（$a$） | 0.0216 | 0.0102 | 2.1185 | 0.0345 | 0.0016 | 0.0416 |
| 心理×信任（$b$） | 0.0035 | 0.0016 | 2.2507 | 0.0247 | 0.0004 | 0.0066 |

注　为便于精确测量，保留四位小数。

经过数据实证检验，符合 PROCESS 中 Model Number 的 21 号模型，权力距离与组织信任的共同调节作用模型见图 4.5。

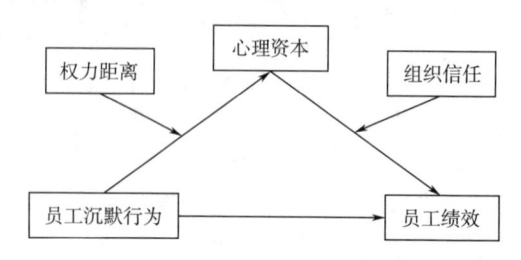

图 4.5 权力距离与组织信任的共同调节作用模型图

### 4.4.4 最终结构方程模型

基于文献分析，对可能存在的各个变量之间的关系进行逻辑推理和阐述，建立对模型的初步想法，形成了图 3.2 理论假设模型。但是，在本章的实证检验中发现，组织信任这一变量在员工沉默行为与心理资本之间的调节作用不显著，但却显著调节着心理资本与员工绩效之间的关系，形成了最终的结构方程模型（图 4.6）。这或许可以解释为员工沉默行为的产生，本身就是对组织、同事、领导不信任的表现，若让其短期内对组织产生信任感或以组织信任方式降低员工沉默行为的水平也是比较难的，所以，增加组织信任水平的举措是难以奏效的。但组织信任水平的提升可以直接增强员工个体的自信心，让其对工作和生活充满希望，乐观而积极地面对困难，越挫越勇，进而提高绩效水平，向着自我实现的目标阔步前进。

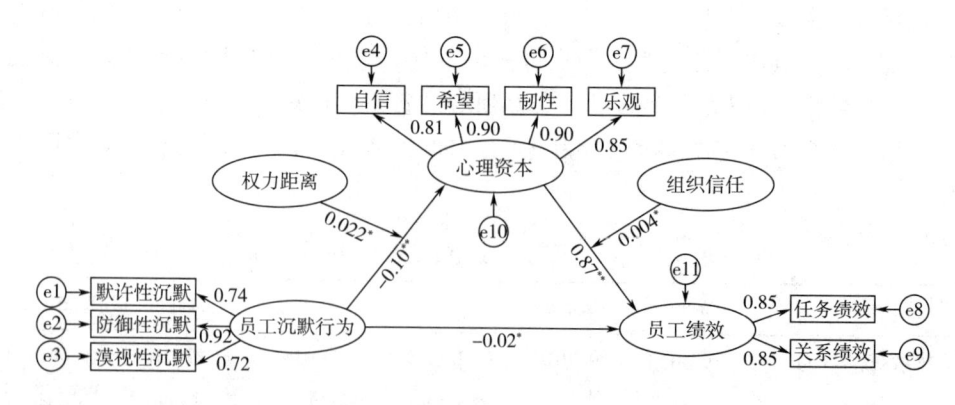

图 4.6 最终结构方程模型图

## 4.5 假设检验结果

员工沉默行为对心理资本的假设得到支持（H1）；心理资本的4个维度对员工绩效2个维度的假设得到支持（H2）；员工沉默行为对员工绩效的假设得到支持（H3）；心理资本中介着员工沉默行为与员工绩效的关系的假设得到支持（H4）；组织信任调节着员工沉默行为和心理资本的关系的假设没有得到支持（H5）；权力距离正向调节着员工沉默行为和心理资本之间的关系的假设得到支持（H6）。具体如表4.27所示。

表 4.27 假设检验结果

| 假设 | 表述 | 结果 |
| --- | --- | --- |
| H1 | 员工沉默行为对心理资本具有显著的负向影响 | 支持 |
| H1-1 | 默许性沉默对心理资本（自信）具有显著的负向影响 | 不支持 |
| H1-2 | 默许性沉默对心理资本（希望）具有显著的负向影响 | 不支持 |
| H1-3 | 默许性沉默对心理资本（韧性）具有显著的负向影响 | 不支持 |
| H1-4 | 默许性沉默对心理资本（乐观）具有显著的负向影响 | 不支持 |
| H1-5 | 防御性沉默对心理资本（自信）具有显著的负向影响 | 不支持 |
| H1-6 | 防御性沉默对心理资本（希望）具有显著的负向影响 | 不支持 |
| H1-7 | 防御性沉默对心理资本（韧性）具有显著的负向影响 | 不支持 |
| H1-8 | 防御性沉默对心理资本（乐观）具有显著的负向影响 | 不支持 |
| H1-9 | 漠视性沉默对心理资本（自信）具有显著的负向影响 | 支持 |
| H1-10 | 漠视性沉默对心理资本（希望）具有显著的负向影响 | 支持 |
| H1-11 | 漠视性沉默对心理资本（韧性）具有显著的负向影响 | 支持 |
| H1-12 | 漠视性沉默对心理资本（乐观）具有显著的负向影响 | 支持 |
| H2 | 心理资本对员工绩效具有显著的正向影响 | 支持 |
| H2-1 | 心理资本（自信）对任务绩效具有显著的正向影响 | 支持 |
| H2-2 | 心理资本（自信）对关系绩效具有显著的正向影响 | 支持 |
| H2-3 | 心理资本（希望）对任务绩效具有显著的正向影响 | 支持 |
| H2-4 | 心理资本（希望）对关系绩效具有显著的正向影响 | 支持 |
| H2-5 | 心理资本（韧性）对任务绩效具有显著的正向影响 | 支持 |

续表

| 假设 | 表述 | 结果 |
| --- | --- | --- |
| H2-6 | 心理资本（韧性）对关系绩效具有显著的正向影响 | 支持 |
| H2-7 | 心理资本（乐观）对任务绩效具有显著的正向影响 | 支持 |
| H2-8 | 心理资本（乐观）对关系绩效具有显著的正向影响 | 支持 |
| H3 | 员工沉默行为对员工绩效具有显著的负向影响 | 支持 |
| H3-1 | 默许性沉默对任务绩效具有显著的负向影响 | 不支持 |
| H3-2 | 默许性沉默对关系绩效具有显著的负向影响 | 不支持 |
| H3-3 | 防御性沉默对任务绩效具有显著的负向影响 | 不支持 |
| H3-4 | 防御性沉默对关系绩效具有显著的负向影响 | 支持 |
| H3-5 | 漠视性沉默对任务绩效具有显著的负向影响 | 支持 |
| H3-6 | 漠视性沉默对关系绩效具有显著的负向影响 | 支持 |
| H4 | 心理资本在员工沉默行为与员工绩效之间具有中介效应 | 支持 |
| H5 | 组织信任在员工沉默行为与心理资本的负向影响之间起到调节作用 | 不支持 |
| H6 | 权力距离正向调节着员工沉默行为与心理资本之间的负向影响 | 支持 |

## 4.6 本章小结

在对问卷进行预测试的基础上形成了正式的调查问卷，以山东YG电缆集团为问卷派发对象，得到634份有效样本问卷，使用SPSS及AMOS对其进行数据分析，先后开展了描述性统计分析、信效度分析、假设检验等，同时，对心理资本的中介效应进行了检验，假设H4得到支持；对组织信任在员工沉默行为与心理资本之间的调节作用进行验证，H5未得到支持；对权力距离正向调节着员工沉默行为与心理资本之间的负向影响进行了检验，假设H6得到支持。通过实证检验，有部分理论假设未得到支持，对原有的理论假设模型进行了修正，最终得到新的理论模型。

# 第 5 章  结论及研究展望

## 5.1  结果讨论

### 5.1.1  员工沉默行为与心理资本之间实证分析的结果

实证检验分析结果表明,员工沉默行为负向作用着心理资本,呈现较强的显著性。但是,我们发现二者之间的负相关的强度系数不是很高,需要进行维度相关分析,数据分析显示,漠视性沉默与心理资本的 4 个维度自信、希望、韧性、乐观具有较为强烈的负相关性,有漠视性沉默行为的员工无视组织及其组织问题的存在,不能为组织的发展积极建言献策,个人利益与集体利益脱节,员工游离于组织之外,二者形同"陌路",不利于组织整体效益的提升,也会拉低员工的心理资本水平,影响员工的价值实现及身心健康发展。因此,管理者应正视漠视性沉默的危害,加强与员工的交流与互动,重视人文关怀,密切干群关系,压缩甚至消除漠视性沉默存在的空间。

然而,心理资本的 4 个维度受 TS 和 DS 的作用都不显著,其中,防御性沉默对自信、希望、韧性、乐观都具有负向影响关系,不具有显著性。从防御性沉默的定义来讲,这是一种出于自我保护的沉默行为,员工的臆断出发点是减少人际关系的负面影响,为了不得罪领导,不破坏同事及上下级关系而消极采取此行为,防御性沉默行为的增加会对员工的自信心、希望、韧性造成负面影响,但这种负向影响相对较弱,并不具有显著性。而出于自我保护的防御性沉默,并不代表其对组织缺乏信任,也许只是受制于环境氛围的一种适应性应对方式。随着时间的推移,员工在组织的活动中,会从短暂的负面影响中恢复,满怀着对企业整体的希望继续学习、工作和生活。而提前的自我设限防御,会让员工把事物向不利方向思考,消极应对处理,致使看问题片面、短视,反而为人际关系的协调带来障碍,或许突破防御的瓶颈会为人际关系的健康发展迎来美好"春天"。

默许性沉默与心理资本 4 个维度的影响关系较为复杂,除了与自信具有负向关系外,与希望、韧性、乐观均具有正向关系,但是,均不具有显著性。默许性沉默定义为员工自己认为自身位卑言轻,提出的建议被采纳的可能性较小,并且提出建议的意义不大，因而选择沉默，该行为是一种不自信的表现。虽然，自己不提建议，默许一些问题的存在，但就其自身而言无争无为，"穷开心"的心态比较乐观，本身也是抗压能力、恢复能力强的体现，能在"自我和解"中找到希望。一定程度上默许企业中某些问题的存在，有利于集体的统一行动，也会对员工个体自身的心理造成影响，但是，这种内隐的默许性沉默行为对心理的恢复力、心理韧性的检验力度并不太大。

### 5.1.2 心理资本的中介效应及其与员工绩效之间实证分析的结果

实证检验数据显示，Bootstrap在95%的置信区间上，心理资本在员工沉默行为与员工绩效之间的中介效应显著。并且，心理资本的4个维度（自信、希望、韧性、乐观）的中介效应也显著。心理资本正向作用着员工绩效。心理资本的4个维度与员工绩效的2个维度间也呈现显著的正相关性。

清代有幅知名的自勉联中有两句为：有志者事竟成，苦心人天不负。启发我们，做任何事情，必须有强大的心理正能量、远大的志向及刻苦修行的毅力，才能取得成功。可见，心理正能量对于成事的重要性。在当今的企业管理实践中，心理资本对于工作的产出是一项重要的影响因素，并且，对于心理资本的投入是相对节约的，它对员工绩效的推动力、作用过程都是"绿色"的。所以，企业应加强对心理资本的投资、开发、利用，以提高人力资源的绩效。研究证明，当员工拥有心理资源时，为了实现目标会积极地投入工作当中，激发个体在工作中的积极的工作行为，保持较好的精神状态，对工作及周边环境有信心，内心充满希望，在工作中会将决策与执行结合得更为紧密，不断进行自我激励，以心理上的积极的组织行为去增强创造活力和动力。顺境中从容淡定，保持持久的定力，积极推进绩效提升；逆境中扛起责任，遇到困难能以乐观的心态积极应对，顽强拼搏，迅速复原，化压力为动力实现绩效的稳中求进。对心理资本的短期干预有助于绩效水平的提升，所以，心理资本对员工绩效是一种正向而积极的心理变量，在管理过程中制定有效的干预政策，适时予以精确干预，邀请权威心理专家进行企业培训，积极培育员工的心理资本，亦可由专门的第三方机构在日常的管理当中，负责全程跟踪、监测与提升，重视国内外的沟通、交流、学习，紧跟发展形势，引进大数据、人工智能，将数字科技与心理资本的提升融合发展，实现最新研究成果的研企对接与转化，增强企业的内在动力，推动员工绩效的全方位有效提升。

### 5.1.3 员工沉默行为与员工绩效之间实证分析的结果

实证检验数据显示，员工沉默行为负向作用着员工绩效呈现较强水平上的显著性。从以上的数据分析结果中，我们发现在员工沉默的 3 个维度中，漠视性沉默对任务绩效和关系绩效的负向性最大，正如韩愈在《应科目时与人书》中讲到的：熟视之若无睹也。员工明明能看到企业中存在的问题，也有自己的解决方法和思路，但却视而不见，漠不关心，这对企业的危害是巨大的。所以，为了降低或消除漠视性沉默行为，应加深企业与员工间的情感交流。按照彼得·圣吉《第五项修炼》中的要求，通过不断学习，提升员工的综合能力，改善心智模式，将员工的自我实现与企业的未来发展融合在一起，使个体与组织形成命运共同体，协力描绘企业愿景。同时，出于自我保护的刻意防御，反而会给人际关系带来不好的影响，对自身的发展不利。另外，默许性沉默的存在，往往会在某些问题上缺乏有效沟通，加之信息不对称，容易造成误解和疑惑，不利于关系的处理。但关系绩效的影响因素复杂、动态多变，致使受默许性沉默的影响不具有唯一性和显著性。防御性沉默会对任务绩效的形成产生不利影响，但其初心主要还是怕破坏人际关系，所以，其对关系绩效的影响比对任务绩效的影响明显。组织中需要民主集中制的存在，一定程度上的默许行为，少数服从多数，有利于政令的统一，政策自上而下地畅通执行，可促使任务绩效的高效达成。但是，从整体来讲，员工沉默行为是负向作用着员工绩效的，这就要求企业创造良好的信任、公平、公正的环境，增强组织信任水平，传递心理正能量，加强沟通，密切企业与员工联系，实行扁平化的管理模式，降低员工权力距离感知水平，提高组织整体效益。

### 5.1.4 组织信任的调节作用

我们运用了传统的 3 个方程的回归分析以及在 PROCESS 环境下的调节作用实证检验，数据结果显示，假设 H5 未得到支持。其中，组织信任对员工沉默行为（$X$）与员工绩效（$Y$）之间的中介后调节（$b$），交互项心理资本×组织信任（$t=2.253^*$，$P=0.025$），BootLL$CI=0.001$，BootUL$CI=0.007$，上下限之间不包括 0，因此，组织信任在模型中的中介后调节作用显著。同时，回归的分析结果也显示，组织信任与心理资本的乘积在方程 3 的调节作用影响方面，$\beta=0.057$，$t=2.253^*$，$P<0.05$，并且在 95% 的置信区间内 BootLL$CI=0.001$，BootUL$CI=0.007$，上下限之间不包括 0，因此，组织信任的调节作用显著。同时，方程 3 中加入中介变量的回归分析后依然显著，在该路径上的中介变量心理资本的 $\beta=0.628$，$t=20.861^{***}$，$P<0.001$，中介效应也显著。最后，进行了斜率调节作用的制图，观察到低分组的组织信任会对高分组的组织信任产生消弱作用。随着员工组织信任水平的减弱，心理资本对员工绩效之间的正向影响也会消弱；而随着

121

员工组织信任水平的增强，二者之间的正向影响增强。主效应中的3个变量之间相互作用，而这一过程会受到组织信任的中介后调节。所以，组织信任正向调节着心理资本与员工绩效之间的正相关关系。

斗转星移。这个社会无论如何变迁，都有些优秀的质量是恒久的，比如信任，它依然是经济和社会发展的基石。孔子曾在《论语》中向子贡讲解如何治理国家时说到民无信不立。意思就是一个国家若得不到老百姓的信任，就会垮掉。同样，一个企业若得不到员工的信任或者企业对员工缺乏信任，也走不长远。因此，我们应该重视组织信任在企业管理中的关键性作用，把其作为提升员工心理能力，增强综合素养，打造企业文化品牌，提升绩效水平，有效增加企业核心竞争力的法宝。

### 5.1.5 权力距离的调节作用

在权力距离的调节作用分析当中，我们同样运用了传统的3个方程的回归分析以及在PROCESS环境下的调节作用实证检验，数据结果显示，假设H6得到支持。权力距离对员工沉默行为（$X$）与心理资本（$M$）之间有调节作用（$a$），交互项员工沉默行为×权力距离（$T=2.119^*$，$P=0.035$），BootLL$CI$=0.002，BootUL$CI$=0.042，上下限之间不包括0，因此，权力距离在模型中的中介前调节作用显著。同时，回归的分析结果也显示，权力距离与员工沉默行为的乘积在方程2上的调节作用影响方面，$\beta=0.002$，$t=2.119^*$，$P<0.05$，并且在95%的置信区间内BootLL$CI$=0.002，BootUL$CI$=0.042，上下限之间不包括0，因此，权力距离的调节作用显著。同时，在这个模型当中，心理资本所起的中介效应回归分析显示依然显著，在该路径上的中介变量心理资本的$\beta=0.765$，$t=29.042^{***}$，$P<0.001$，中介效应显著。最后，进行了斜率调节作用的制图，观察到高分组的权力距离会对低分组的权力距离产生增强作用。权力距离感知水平的增加会增强员工沉默行为与心理资本之间的负向影响；而随着员工权力距离感知水平的减弱，员工沉默行为对心理资本之间的负向影响也会减弱。员工沉默行为通过心理资本影响员工绩效，而这一过程会受到权力距离的中介前调节。因此，权力距离正向调节着员工沉默行为与心理资本之间的负相关关系。

权力，在国家、社会、组织中存在着，过去、现在，甚至未来也会长期存在。并且，渗透到人们日常生活的方方面面，但权力是把"双刃剑"，站在个体层面来讲，也是一样的道理。一方面，对于权力距离感知的适当高水平，有利于维护组织权威，便于政令畅通和决策的有效执行，发挥集中的统一领导作用。另一方面，要把握好一个度，若权力距离感知水平过于高，则不利于自身成长，对于企业或组织中存在的问题不担当、不作为，甚至视而不见，时间一长，会给组织带来致命的危害。基于该理论研究模型，在动态中进行权力距离的调整，应探索企业的扁平化管理方式，适当降低权力距离感知度，平衡企业员工的身心，为企业的健康发展注入正能量。

## 5.2 管理贡献与实践启发

依据前文对理论模型的实证分析，厘清了员工沉默行为、心理资本对员工绩效的作用原理，检验了心理资本的中介效应，分析了权力距离对中介前的调节作用，也即权力距离对员工沉默行为和心理资本之间的调节作用，同时，检验了组织信任的中介后的调节作用，即组织信任对心理资本与员工绩效间的调节作用。员工对企业中存在的问题更为敏感，实现了由关注组织和领导因素对员工沉默行为的影响及员工沉默行为对组织整体的影响向员工沉默行为对员工自身影响的转变，聚焦员工沉默行为对员工自身心理、自身绩效、自身职业发展的影响具有深远的理论及现实意义。本研究的结果，丰富了员工沉默行为的理论研究，对企业员工沉默行为形成后的应急处理与绩效提升具有借鉴意义，可为企业有效节约成本，及时净化机体环境，为保障组织的持续健康稳定发展提供理论支撑。

基于以上分析，为了更好地取得绩效，我们认为在企业的经营管理中首先要重视心理资本的中介效应，努力创造良好的条件，积极提升员工的心理资本水平。其次，针对中国企业员工权力距离高的特质，对权力距离作为中介前的调节作用的变量，应予以足够重视，制定有效的管理措施，降低员工的权力距离感知，增强员工的心理能力，促进绩效水平的提升。最后，要充分发挥中介后组织信任调节的正向拉动作用，进一步推动绩效产出更上一个台阶。

### 5.2.1 针对员工沉默行为通过心理资本作用于员工绩效

当员工沉默行为增加时，会影响心理能量，进而降低绩效水平。所以，对于员工沉默行为发生后，针对其3个维度的产生内涵，企业可以结合自身实际及时制定有效的应对举措，可以从以下三方面来解析：

第一，管理者下潜。针对员工因位卑言轻产生的默不作声，企业应发动中高层管理者直接下沉到基层，与员工形成一对一、点对点"密接"，实行单线联系，不对外公开身份，实行严格的保密制度，充分重视员工的建议，定期进行双向意见反馈，让其真正感知到企业对自己建议的重视，让其参与企业的战略管理，对优秀的、关键的、避免损失的合理化建议予以嘉奖，真正增强员工的主人翁意识。

第二，专职者协调。针对不想得罪人，自我保护而保留建议的沉默，应成立专职部门去"背黑锅"，由其负责"密接"者们的问题建议的收集、处理和对外发布，但是，对意见的来源进行匿名处理，也要严格责任制度，建议的提供者要对所提内容的真实性和合理性负责。目的在于，直击问题的症结所在，妥善处理和化解矛盾，提升组织的效率，促进企业的健康发展。

第三，有能者上位。针对员工与企业感情不深，漠视组织存在，黏性不高的沉默，应实施员工关怀计划，注重企业文化和核心价值观的培训，实行有条件的子版块分割承包制，探索个体与企业的"联姻"，员工可依能力认筹，企业托底经营，整体统筹。制定有竞争力的员工激励机制及相应的配套绩效体系，将个人利益与企业发展绑定推进。

### 5.2.2 提升员工的心理资本水平

当员工的沉默行为在企业中存在时，应当予以警醒，这种负性行为势必影响企业的生存与发展。当员工沉默行为不可避免地发生时，如何减少其负面影响，有效提升绩效水平，是企业管理中应该考虑的问题。而心理资本代表着个体的积极的心理资源，当员工拥有心理资源时，为了实现目标会积极地投入工作当中，进而推动绩效的发展。心理资本是一种良好的心理要素，这种心理要素能够激发个体在工作中的积极的工作行为，提升工作绩效和保持个体的工作满意度。与人力资本、社会资本不同的是，心理资本可作为提高绩效水平的重要的心理能力，并且，这一心理能力在人力资源管理的实践当中的优势也越来越凸显。

企业的管理者应加强与员工的沟通与交流，创造良好的制度环境，健全激励竞争体制机制，给予员工更多展示与提升的机会，组织人力资源方面的培训，对心理资本进行有效投资、管理、开发、利用，鼓励团队在充满希望的学习中开发积极的心理能力，挖掘个体成员的内在潜力和创造力，开展正向情绪的支持与强化，进行现有管理模式的改善，增强员工满意度，树立员工自信，培养乐观精神，磨砺耐挫品格等，对于提升员工及组织绩效水平具有很强的现实意义。

因此，沉默行为发生后，应积极进行心理资本的干预，搭建心理资本这一中介效应可有效节约成本，降低损失，推动企业整体效益的提升。

### 5.2.3 重视权力距离的调节作用

员工沉默行为存在于中国的企业员工之中，已经是相当普遍的现象。如何对其进行常态化的源头防控与过程管控，是一个需要慎重思考的课题。权力距离是个体对组织中的权力、地位、权威等不平等的信念与感知程度，权力距离作为本研究中理论模型的中介前调节变量，在员工沉默行为对员工绩效的影响中意义深远。中国的员工普遍具有高权力距离价值观，对权力距离的感知较高会给组织和个体带来一定的影响，比如负向影响组织的复原力、负向影响员工的建言行为等，同时，权力距离也可能会对心理能力造成影响。故而，应消除企业中的领导者和员工之间对于权力距离感受的差距，激发员工的积极情绪，产生更多有利于企业发展的正向行为，降低权力距离感知度，平衡企业员工的身心，积极为员工创造健康安全的工作环境和良好的成长环境，促进组织的良性发展。

所以，在企业的管理实践中，管理者应积极引导员工为企业的发展建言献策，激活其进言意愿，沉入基层与员工开展有效的沟通与交流，给予其真诚的支持与关心，实行企业的扁平化管理，消除社会距离，降低权力距离的感知水平，优化绩效考评体系，与员工共同谋划企业未来的发展大计。

### 5.2.4 重视组织信任的调节作用

组织信任是一种双向的信任关系，它存在于组织、管理者与员工之间，组织信任强烈激发员工的敬业精神、心理的归属感、责任感、认同感，对于推动个体和组织的学习、提升以及效益产出具有重要的意义。基于社会交换理论视角，组织信任水平高的员工更愿意视组织为"己出"，Hester等学者也认为，积极的双向反馈、组织认同等，有利于激发员工积极的行为，转变心理和改善态度。所以，在管理的实践当中，当员工的沉默行为不可避免地产生时，会相应地拉低员工自身的心理资本水平，这个时候组织信任的带动作用就会显得尤为重要，高组织信任水平可以增强心理资本能力，减弱员工沉默行为的负面影响，提升员工绩效。

在本研究的理论模型当中，应该重视中介后的组织信任的调节作用，加强员工与企业之间的互动交流，增加集体认同，密切联系，让工在企业的工作中有归属感，感受到家的温暖，每一个层级的管理者都应与员工对接开展"家访"活动，把企业的温度带给每位员工的家庭，让每个家庭都能心系企业现状和未来的发展，家企联动、凝聚共识、同舟共济、相互信任，才能在奋斗中实现个体与企业的双赢。

综上所述，在企业的管理实践当中，除了做好事前的有效防御外，当员工沉默行为出现以后，要最大限度节约企业成本，降低损失，采取积极干预、投资、开发、利用心理资本的有效措施，同时，运行好"一降一提"的调节机制。一降即缩短管理层级，通过扁平化管理，加强与员工的有效沟通与交流，让员工真正地参与到日常的运营管理当中,以此降低其权力距离的感知水平;一提即企业应营造良性的、公平的、合理的竞争氛围,为员工创造机会均衡的晋升机制,健全考评体系,给予其更多的人文关怀,畅通诉求管道,为其自我实现搭设展示平台,员工应将自我价值的实现与企业的战略目标融合在一起,实现共赢,以此,提升员工的组织信任水平。

## 5.3 研究局限

### 5.3.1 调节变量的探讨

本研究发现,所获得的权力距离和组织信任这2个变量,在理论假设模型中都起到了显著的调节作用。权力距离对中介前起到了显著的调节作用,组织信任则对中介后起到显著的调节作用,但是,均没有对直接效应起到显著调节作用。所以,在以后的研究中,可以看是否有其他变量在这个模型中起到调节作用。

### 5.3.2 研究样本的局限

针对本研究样本的局限性主要有三点:第一,样本来源的单一性,正式调查问卷派发的对象是山东省聊城市的一家具有近5000人规模的电缆集团,地域限定,行业单一;第二,依据理论模型的设计,将5个变量对应的所有题目归入一份问卷中,虽然对题目顺序进行错位排列,打破部门次序进行取样,进行群体交叉填写等,虽然通过了共同方法的偏差问题检验,但难免会存在共同方法偏差的问题;第三,问卷采集的是横断面的数据,缺少对员工的连续动态监测,下一步应着重开展纵向数据的调查。

## 5.4 未来展望

### 5.4.1 默许性沉默的深化研究

第一,在本研究中实证发现,默许性沉默与心理资本4个维度的影响关系较为复杂,除了与自信具有负向关系外,与希望、韧性、乐观均具有正向关系。暂时未看到国内外学者在两者之间的认可的、成熟的实证分析。因此,未来还有很大的研究空间与价值:一方面,在默许性沉默与自信(自我效能)之间进行一些探索,看其负向关系的成立与否;另一方面,在默许性沉默与心理资本4个维度以及与希望、韧性、乐观 3 个维度之间，分别进行实证检验。

第二，默许性沉默与员工绩效的 2 个维度之间的作用原理。本研究实证分析的数据显示，默许性沉默与任务绩效显著正相关。中国的企业组织中需要民主集中制的存在，而一定程度上的默许，少数服从多数的原则，有利于政令的统一，政策自上而下地畅通执行，可促使任务绩效的高效达成。所以，其与任务绩效、关系绩效的作用究竟是怎么样的，有待进一步检验夯实。

### 5.4.2 员工沉默行为含义的推演

随着时代的变迁与更替，"长江后浪推前浪""总把新桃换旧符"，新时代的员工走上历史舞台，他们有知识、有技能，在信念上与以往的职工有很大的区别，知识型员工对职业的期待自然有其不一样的地方，他们的沉默行为与信息传递的方式，也需要特别考量，这就需要研究者在不同情境对象下做细化深入的研究和思考，以适应理论发展和管理实践的新时代要求。

### 5.4.3 调节直接效应的变量研究

经过文献的梳理初步推断，组织信任在员工沉默行为与心理资本之间会起到调节作用，并进行了假设，但是，数据实证检验结果显示，该假设不受支持。然而，组织信任则对中介后起到显著的调节作用。而权力距离假设得到支持，起到了中介前的调节作用。但是，2 个变量都没有对模型中的直接效应起到显著调节作用。所以，在将来的研究中，可以寻找是否有其他合适的变量，会对这个模型中的直接效应产生调节作用。

### 5.4.4 员工建言行为的研究

从本研究分析显示得知，从整体上来讲，员工的沉默行为负向显著作用着员工绩效，为了有效提升企业绩效水平，降低或消除沉默行为是刻不容缓的，对于企业或者员工的健康成长也是有利的。也就是说，适时适地激发员工的建言行为对于企业的生存与发展确有必要。所以，进一步加强对建言行为的内涵研究以及管理实践探索尤为重要。

# 参考文献

[1] 丁越兰, 杨阳, 高俊山. 本土化辱虐管理、组织心理安全对员工沉默影响机理研究 [J]. 统计与信息论坛, 2016, 31 (6): 92-97.

[2] 丁道韧, 陈万明, 蔡瑞林. 内部人身份认知对员工前摄行为的影响研究——基于心理资本的中介作用与包容型领导的调节作用 [J]. 中央财经大学学报, 2017 (4): 81-89.

[3] 于尚艳, 杨越, 曾静. 变革型领导对员工工作绩效的影响: 以任务冲突为中介变量 [J]. 华南师范大学学报 (社会科学版), 2012 (5): 102-107, 164.

[4] 于海波, 方俐洛, 凌文辁, 等. 组织信任对员工态度和离职意向、组织财务绩效的影响 [J]. 心理学报, 2007 (2): 311-320.

[5] 万广圣, 崔丽娟. 结盟氛围感知、组织内信任对职场孤独感的影响: 人格特质的调节 [J]. 中国人力资源开发, 2019, 36 (4): 30-44, 60.

[6] 万涛. 信任与组织公民行为: 心理授权的调节作用实证研究 [J]. 南开管理评论, 2009, 12 (3): 59-66.

[7] 马华维, 王欣. 组织中上下级的双向信任: 影响及机制 [J]. 心理科学, 2014, 37 (2): 438-445.

[8] 马述杰. 基于工作绩效的员工敬业度提升有效性研究 [J]. 东岳论丛, 2017, 38 (12): 132-139.

[9] 王飞飞, 张生太. 信任机制对组织公民行为影响的实证研究——基于人力资源结构视角 [J]. 大连理工大学学报 (社会科学版), 2017, 38 (1): 114-118.

[10] 王立. 员工工作友情、心理资本与建言行为关系研究 [D]. 长春: 吉林大学, 2011.

[11] 王永跃, 叶佳佳. 工具主义伦理气氛对员工沉默行为的影响——犬儒主义和传统性的作用 [J]. 心理科学, 2015, 38 (3): 686-692.

[12] 王华强, 丁志慧, 刘文兴. 管理者自恋会导致员工沉默吗: 心理安全感与上下级关系的作用 [J]. 财经论丛, 2018 (6): 76-86.

[13] 王进才. 高校教师沉默行为与组织内信任的探究 [J]. 长春教育学院学报, 2012, 28 (1): 71-73.

[14] 王芳,张辉．高校图书馆员心理资本与工作态度的关系研究——以职业生涯满意度为中介变量[J]．图书馆杂志,2017,36(9):9-19.

[15] 王莉,石金涛．组织嵌入及其对员工工作行为影响的实证研究[J]．管理工程学报,2007(3):14-18.

[16] 王敏．个体对领导权力距离的特质推理[D]．银川:宁夏大学,2017.

[17] 王雁飞,王丽璇,朱瑜．基于资源保存理论视角的心理资本与员工创新行为关系研究[J]．商业经济与管理,2019(3):40-49.

[18] 王雁飞,周良海,朱瑜．领导心理资本影响变革导向行为的机理研究[J]．科研管理,2019,40(6):265-275.

[19] 王辉,李晓轩,罗胜强．任务绩效与情境绩效二因素绩效模型的验证[J]．中国管理科学,2003(4):80-85.

[20] 王颖,潘茜．教师组织沉默的产生机制:组织信任与心理授权的中介作用[J]．教育研究,2014,35(4):106-115.

[21] 王碧英,高日光．基于心理资本的人力资源管理研究[J]．科技进步与对策,2010,27(6):149-151.

[22] 王瑾,高世葵．国内外心理资本研究前沿探析[J]．求实,2013(A02):171-173.

[23] 韦慧民,龙立荣．基于行为动力特征的组织内信任主动启动与发展问题探析[J]．外国经济与管理,2008(8):23-30.

[24] 毛畅果,郭磊．组织管理研究中的权力距离倾向:内涵、测量与影响[J]．中国人力资源开发,2020,37(1):21-34.

[25] 毛畅果．员工为何沉默:领导权力距离倾向与员工调控焦点的跨层次交互作用[J]．心理科学,2016,39(6):1426-1433.

[26] 文巧甜,郭蓉,夏健明．跨界团队中变革型领导与协同创新——知识共享的中介作用和权力距离的调节作用[J]．外国经济与管理,2020,42(2):17-29.

[27] 方必基．青少年学生心理资本结构、特点、相关因素及团体干预研究[D]．福州:福建师范大学,2012.

[28] 方志斌,李海东．组织气氛与员工沉默行为:基于心理安全感的中介作用[J]．景德镇学院学报,2017,32(4):59-66.

[29] 邓志华．精神型领导对员工工作投入的影响[J]．经济管理,2016,38(4):181-189.

[30] 石冠峰,王亮．基于组织认同的员工沉默与建言行为研究[J]．商业研究,

2014, 56 (2): 118-123.

[31] 龙静, 文秋香, 黄琪淇. 真实型领导对员工直言行为的影响研究——基于三项交互的调节效应模型 [J]. 软科学, 2020 (10): 1-14.

[32] 卢纹岱. SPSS for Windows 统计分析 [M]. 北京: 电子工业出版社, 2002.

[33] 叶宝娟, 温忠麟. 有中介的调节模型检验方法: 甄别和整合 [J]. 心理学报, 2013, 45 (9): 1050-1060.

[34] 叶新凤, 李新春, 王智宁. 安全氛围对员工安全行为的影响——心理资本中介作用的实证研究 [J]. 软科学, 2014, 28 (1): 86-90.

[35] 田喜洲, 谢晋宇. 组织支持感对员工工作行为的影响: 心理资本中介作用的实证研究 [J]. 南开管理评论, 2010, 13 (1): 23-29.

[36] 包艳, 廖建桥. 权力距离研究述评与展望 [J]. 管理评论, 2019, 31 (3): 178-192.

[37] 权方英. 大学生就业心理资本的缺失与重建 [J]. 教育理论与实践, 2017, 37 (3): 23-25.

[38] 朱永跃, 马志强, 孙颖. 组织信任影响因素的实证研究 [J]. 软科学, 2014, 28 (4): 71-77.

[39] 朱金强, 张丽华. 领导风格对员工绩效的影响: 自我监控的调节作用 [J]. 现代管理科学, 2015 (11): 97-99.

[40] 朱瑜, 周青. 领导心理资本对组织公民行为作用机制与整合框架研究 [J]. 软科学, 2013, 27 (1): 86-90.

[41] 仲理峰, 王震, 李梅, 等. 变革型领导、心理资本对员工工作绩效的影响研究 [J]. 管理学报, 2013, 10 (4): 536-544.

[42] 仲理峰, 孟杰, 高蕾. 道德领导对员工创新绩效的影响: 社会交换的中介作用和权力距离取向的调节作用 [J]. 管理世界, 2019, 35 (5): 149-160.

[43] 仲理峰. 心理资本对员工的工作绩效、组织承诺及组织公民行为的影响 [J]. 心理学报, 2007, 39 (2): 328-334.

[44] 仵凤清, 高林, 董宇华. 知识型员工沉默行为对职业生涯成功的影响研究 [J]. 科研管理, 2018, 39 (8): 142-150.

[45] 任亮宝, 李吉祥. 大学教师心理资本、工作压力与幸福感的关系研究 [J]. 北京教育学院学报 (自然科学版), 2014, 9 (4): 11-17.

[46] 任湘郴, 杨立邦, 任腾. 企业社会责任对员工工作绩效的跨层次作用研究——基于组织认同感的中介作用 [J]. 湖南社会科学, 2017 (4):

61-66.

[47] 刘巨钦, 吕波. 基于杠杆模型打破员工沉默行为系统化策略的构建[J]. 商场现代化, 2012 (10): 37-40.

[48] 刘平青, 吴莹, 王雪, 等. 个人—组织匹配对农民工工作绩效的影响分析——以员工关系为中介变量[J]. 中国农村经济, 2011 (6): 63-71.

[49] 刘生敏. 员工权力距离对其抑制性建言的影响: 真实型领导的调节作用[J]. 中国人力资源开发, 2016 (19): 46-55.

[50] 刘芳, 吴欢伟. 对高新技术企业员工工作绩效、工作满意与工作倦怠的实证研究[J]. 统计与决策, 2012 (10): 181-185.

[51] 刘丽杭, 赵书松, 汪涛. 发展型绩效考核对员工工作绩效的影响机制[J]. 中南大学学报 (社会科学版), 2016, 22 (5): 123-131.

[52] 刘宗华, 李燕萍, 郑馨怡. 企业社会责任、员工—企业认同和员工绩效的关系[J]. 浙江工商大学学报, 2017 (1): 103-113.

[53] 刘美姣, 闫冰雪, 魏艳婷, 等. 公立医院谦卑型领导对下属护士离职倾向的影响研究[J]. 中国医院管理, 2019, 39 (11): 69-71.

[54] 刘颖. 企业员工组织信任的内容结构及其相关问题的研究[D]. 广州: 暨南大学, 2007.

[55] 江红艳, 孙配贞, 何浏. 工作资源对企业研发人员工作投入影响的实证研究——心理资本的中介作用[J]. 科技进步与对策, 2012, 29 (6): 137-141.

[56] 汤涛. 基于真诚领导行为感知情境下的员工工作绩效关系研究[J]. 统计与决策, 2013 (24): 188-190.

[57] 祁顺生, 贺宏卿. 组织内信任的影响因素[J]. 心理科学进展, 2006 (6): 918-923.

[58] 许彦妮, 顾琴轩, 蒋琬. 德行领导对员工创造力和工作绩效的影响: 基于LMX理论的实证研究[J]. 管理评论, 2014, 26 (2): 139-147.

[59] 孙秀明, 孙遇春. 工作疏离感对员工工作绩效的影响——以中国人传统性为调节变量[J]. 管理评论, 2015, 27 (10): 128-137.

[60] 孙健敏, 焦长泉. 对管理者工作绩效结构的探索性研究[J]. 人类工效学, 2002 (3): 1-10, 69.

[61] 阳芳, 韦晓顺. 组织信任对新员工工作满意度影响的实证研究[J]. 江西社会科学, 2016, 36 (6): 210-216.

[62] 花慧, 宋国萍, 李力. 大学生心理资本在心理压力与学业绩效关系中的中

介作用[J].中国心理卫生杂志,2016,30(4):306-310.

[63] 杜娟,赵曙明.心理资本与个人绩效的关系研究——基于管理者心理契约的调节效应分析[J].经济与管理研究,2012(10):105-112.

[64] 杜鹏程,宋锟泰,汪点点.创新型企业研发人员工作自主性对沉默与建言的影响——角色压力的中介作用[J].科学学与科学技术管理,2014,35(12):158-167.

[65] 李力,郑治国,廖晓明.高校教师职业心理资本与工作绩效:社会支持的中介效应[J].心理与行为研究,2016,14(6):802-810.

[66] 李力.高校教师职业心理资本的测量及对工作绩效的影响研究[D].南昌:南昌大学,2013.

[67] 李宁,严进.组织信任氛围对任务绩效的作用途径[J].心理学报,2007(6):1111-1121.

[68] 李应军.边缘化对酒店员工工作绩效和幸福感的影响研究[J].中国劳动关系学院学报,2016,30(5):60-64.

[69] 李良智,欧阳叶根.一线员工服务沉默行为的结构与测量——基于服务接触情景视角[J].经济管理,2013,35(10):91-99.

[70] 李明德.试论行为主义与教育心理学化[J].教育史研究,2019,1(1):135-148.

[71] 李宝元.企业人力资本产权制度史论解析[J].财经问题研究,2002(10):84-89.

[72] 李树文,罗瑾琏,梁阜.领导与下属性别匹配视角下权力距离一致与内部人身份认知对员工建言的影响[J].管理学报,2020,17(3):365-373.

[73] 李艳霞.何种信任与为何信任?——当代中国公众政治信任现状与来源的实证分析[J].公共管理学报,2014(2):16-26.

[74] 李晓艳,周二华.心理资本与情绪劳动策略、工作倦怠的关系研究[J].管理科学,2013,26(1):38-47.

[75] 李敏,蔡惠如.工会承诺、组织承诺和员工绩效——被企业所有制类型跨层次调节的中介模型[J].商业经济与管理,2015(5):42-49,67.

[76] 李超平,鲍春梅.社会交换视角下的组织沉默形成机制:信任的中介作用[J].管理学报,2011,8(5):676-682.

[77] 李磊,尚玉钒,席酉民,等.变革型领导与下属工作绩效及组织承诺:心理资本的中介作用[J].管理学报,2012,9(5):685-691.

[78] 李霞,张伶,谢晋宇.组织文化的影响:心理资本的中介作用[J].华南师

范大学学报（社会科学版），2011（6）：120-126，158.

[79] 杨丰瑞，谢芸潞. 基于人力资源开发的员工沉默行为研究[J]. 改革与战略，2010，26（1）：45-48.

[80] 杨中芳，彭泗清. 中国人人际信任的概念化：一个人际关系的观点[J]. 社会学研究，1999（2）：3-5.

[81] 杨烁，余凯. 组织信任对教师知识共享的影响研究——心理安全感的中介作用及沟通满意度的调节作用[J]. 教育研究与实验，2019（2）：39-45.

[82] 杨霞，李雯. 伦理型领导与员工知识共享行为：组织信任的中介作用和心理安全的调节效应[J]. 科技进步与对策，2017，34（17）：143-147.

[83] 吴沙沙，顾建平. 权力距离、员工创新行为与主管—下属关系研究[J]. 企业经济，2015（8）：109-113.

[84] 吴明隆. 结构方程模型：AMOS的操作与应用[M]. 2版. 重庆：重庆大学出版社，2010.

[85] 吴明隆. 问卷统计分析实务：SPSS操作与应用[M]. 重庆：重庆大学出版社，2010.

[86] 吴静. 从自我同一性、心理资本到工作绩效——基于人力资源管理的新视角[J]. 福州大学学报（哲学社会科学版），2012，26（2）：98-102.

[87] 邱菊. 出勤主义行为对员工工作绩效的影响机制研究[D]. 沈阳：辽宁大学，2019.

[88] 何丽君. 合作创新中的沉默行为及其管理策略[J]. 求实，2011（3）：57-59.

[89] 何轩. 互动公平真的就能治疗"沉默"病吗？——以中庸思维作为调节变量的本土实证研究[J]. 管理世界，2009（4）：128-134.

[90] 何奎，刘文昌. 权力距离对组织复原力的影响研究[J]. 辽宁工业大学学报（社会科学版），2020，22（2）：47-50.

[91] 余璇，陈维政. 组织伦理气候对组织情感承诺影响路径研究——组织信任和组织自尊的作用[J]. 现代财经（天津财经大学学报），2015，35（9）：92-101，113.

[92] 邹艳春，彭坚，印田彬. 团队学习气氛对团队心理资本的影响：社会信息加工理论的视角[J]. 心理与行为研究，2018，16（3）：402-407.

[93] 沈挺. 下级评估对权力距离感、组织公平感的影响研究[D]. 武汉：华中科技大学，2010.

[94] 宋欣，周玉玺，杨阳. 多层次导向的心理资本与知识员工创新绩效——基

于团队社会资本的调节中介模型[J]. 现代财经（天津财经大学学报），2014, 34 (9)：89-102, 113.

[95] 宋源. 工作压力、心理资本与员工建言行为研究[J]. 河南社会科学，2018, 26 (9)：77-81.

[96] 宋璐璐, 刘永仁. 领导授权赋能行为对员工建言的影响——组织信任、一般自我效能感的作用[J]. 科学决策, 2014 (5)：17-32.

[97] 张正堂, 麦晓冬, 崔兰平, 等. 领导者率先垂范对员工沉默行为的影响：信任领导的中介与组织政治知觉的调节作用[J]. 华南师范大学学报（社会科学版），2018 (3)：39-47, 191.

[98] 张弘, 赵曙明. 雇佣保障与员工绩效的关系研究[J]. 南京社会科学，2010 (4)：35-40.

[99] 张光磊, 陈汇, 刘文兴. 兼爱而相诺：基于代际特征的权力距离感知差异对员工工作绩效影响的案例研究[J]. 管理评论，2018, 30 (11)：289-306.

[100] 张帆, 宋凤宁. 情绪智力、权力距离对小学教师建言行为影响的研究[J]. 高教论坛, 2017 (9)：127-129.

[101] 张红芳, 吴威, 杨畅宇. 论心理资本的维度与作用机制[J]. 西北大学学报（哲学社会科学版），2009, 39 (6)：52-56.

[102] 张玮, 张茜. 企业基层员工心理安全感与沉默行为的关系[J]. 经营与管理，2015 (9)：138-140.

[103] 张怡凡, 陈默, 唐宁玉. 威权领导与员工创造力：心理依赖的视角[J]. 中国人力资源开发，2019, 36 (4)：85-99.

[104] 张剑, 唐中正, 岳红. 企业员工的情绪智力对其工作绩效的影响[J]. 数理统计与管理, 2008 (4)：579-586.

[105] 张健. 国有企业中组织沉默对专业人才离职意向影响的研究[J]. 科技管理研究, 2011, 31 (7)：149-152.

[106] 张铭, 胡祖光. 管理学中的心理资本效应研究：回顾与展望[J]. 商业经济与管理, 2015 (4)：32-42.

[107] 张阔, 卢广新, 王敬欣. 工作压力与工作倦怠关系中心理资本作用的路径模型[J]. 心理与行为研究, 2014, 12 (1)：91-96.

[108] 张墨. 企业员工心理资本的模型及其验证[D]. 重庆：西南大学, 2009.

[109] 陆洋, 彭正龙, 于鲁宁. 授权型领导对员工建言行为的影响机制研究[J]. 工业工程与管理, 2017, 22 (3)：159-165.

[110] 陈宇,陈佳莉,肖洒．物流企业员工组织信任对员工责任分担行为的影响研究——PRESOR 的调节作用［J］．软科学，2013，27（6）：118-121，128．

[111] 陈丽金,唐宁玉．员工沉默的前因与后果：回顾与展望［J］．中国人力资源开发，2019，36（12）：84-104．

[112] 陈明淑,申海鹏．组织内信任、敬业度和工作绩效关系的实证研究［J］．财经理论与实践，2015，36（3）：113-118．

[113] 陈璐,瞿鑫,杨百寅．自恋的下属更沉默？自恋领导对下属工作绩效的破坏性效应研究［J］．预测，2018，37（2）：9-14，21．

[114] 范艳萍．组织公平、社会支持与农民工组织承诺研究［J］．河海大学学报（哲学社会科学版），2014，16（1）：44-47，90．

[115] 畅铁民,许昉昉．绩效考核系统认同、组织信任与员工绩效薪酬偏好［J］．河南社会科学，2015，23（7）：89-93．

[116] 罗顺均．"引智"学习、组织信任及企业技术能力提升——基于珠江钢琴1987~2012 年的纵向案例研究［J］．管理学报，2014，11（9）：1265-1275．

[117] 周评,姜秀珍．国有企业管理者工作压力和工作满意度：心理资本的调节效应［J］．华东经济管理，2013，27（9）：134-137．

[118] 周建涛,廖建桥．基于社会信息加工理论的谦逊领导对员工工作绩效的作用机制研究［J］．管理学报，2018，15（12）：1789-1798．

[119] 周菲,张传庆．高绩效工作系统对员工工作行为的影响——心理资本中介作用的实证研究［J］．北京社会科学，2012（3）：33-40．

[120] 周路路,张戌凡,赵曙明．领导—成员交换、中介作用与员工沉默行为——组织信任风险回避的调节效应［J］．经济管理，2011，33（11）：69-75．

[121] 郑立勇,孔燕．个体与团队心理资本优化开发策略研究——以警察职业为例［J］．华东经济管理，2016，30（4）：178-184．

[122] 郑立勇,孔燕．基于心理资本理论视角的现代人力资源管理增值研究［J］．华东经济管理，2019，33（1）：154-159．

[123] 郑晓涛,石金涛,郑兴山．员工组织内信任对其工作态度的影响［J］．管理评论，2008（11）：36-40，64．

[124] 郑晓涛,柯江林,石金涛,等．中国背景下员工沉默的测量以及信任对其的影响［J］．心理学报，2008，40（2）：219-227．

[125] 郑爱翔, 周海炜. 专业化感知、专业声誉与组织信任关系实证研究——针对专业服务业的调查 [J]. 科技进步与对策, 2015, 32 (10): 78-83.

[126] 赵西萍, 杨扬, 辛欣. 团队能力、组织信任与团队绩效的关系研究 [J]. 科学学与科学技术管理, 2008 (3): 155-159.

[127] 赵红丹, 彭正龙, 梁东. 组织信任、雇佣关系与员工知识分享行为 [J]. 管理科学, 2010, 23 (6): 33-42.

[128] 赵富强, 陈耘, 唐辉. 基于心理资本中介效应的组织文化与知识转移影响机理研究 [J]. 当代经济管理, 2014, 36 (2): 91-96.

[129] 赵简, 孙健敏, 张西超. 工作要求-资源、心理资本对工作家庭关系的影响 [J]. 心理科学, 2013, 36 (1): 170-174.

[130] 赵慧军, 王君. 员工组织公正感、组织信任和离职意愿的关系 [J]. 经济管理, 2008 (Z1): 55-60.

[131] 郝明亮. 心理资本前因变量研究 [J]. 重庆科技学院学报（社会科学版）, 2010 (11): 93-95.

[132] 荆丰. 领导-员工信任程度与组织绩效之间的实证研究——以医药零售企业为例 [J]. 求索, 2012 (10): 220-222.

[133] 胡远华, 毛坚真. 信任与个人知识组织化关系的概念模型研究 [J]. 情报杂志, 2010, 29 (9): 102-106.

[134] 柯江林, 孙健敏. 内控型人格、变革型领导与组织文化对员工心理资本的影响 [J]. 经济与管理研究, 2018, 39 (9): 136-144.

[135] 柯江林, 孙健敏, 李永瑞. 心理资本：本土量表的开发及中西比较 [J]. 心理学报, 2009, 41 (9): 875-888.

[136] 钟竞, 邓婕, 罗瑾琏. 包容型领导对团队绩效及员工创新绩效的影响——有调节的中介模型 [J]. 科学学与科学技术管理, 2018, 39 (9): 137-148.

[137] 段锦云, 田晓明. 组织内信任对员工建言行为的影响研究 [J]. 心理科学, 2011, 34 (6): 1458-1462.

[138] 段锦云. 中国背景下建言行为研究：结构、形成机制及影响 [J]. 心理科学进展, 2011, 19 (2): 185-192.

[139] 祝庆, 李永鑫. 职场性骚扰与离职意向、权力距离感 [J]. 中国心理卫生杂志, 2014, 28 (7): 541-544.

[140] 姚若松, 陈怀锦, 苗群鹰. 公交行业一线员工人格特质对工作绩效影响的实证分析——以工作态度作为调节变量 [J]. 心理学报, 2013, 45 (10):

1163-1178.

[141] 贾良定, 陈永霞, 宋继文, 等. 变革型领导、员工的组织信任与组织承诺——中国情景下企业管理者的实证研究 [J]. 东南大学学报（哲学社会科学版）, 2006 (6): 59-67, 127.

[142] 夏远, 闫昊, 钟远绩. 员工-组织关系对组织公民行为的影响研究: 一个被调节的双重中介作用模型 [J]. 预测, 2020, 39 (3): 27-34.

[143] 党兴华, 孙永磊. 技术创新网络位置对网络惯例的影响研究—以组织间信任为中介变量 [J]. 科研管理, 2013, 34 (4): 1-8.

[144] 晏碧华, 刘真, 任杰, 等. 自我效能感影响航线飞行安全绩效的多重中介模型 [J]. 心理学探新, 2018, 38 (2): 185-190.

[145] 徐劲松, 陈松. 领导心理资本对员工创造力的跨层次影响: 员工心理资本的中介作用和团队信任的调节作用 [J]. 预测, 2017, 36 (6): 1-8.

[146] 徐骁. 基于心理资本中介效应的 SHRMS 对组织绩效的影响机理研究 [D]. 武汉: 武汉理工大学, 2013.

[147] 徐超, 俞会新, 刘新民. 被边缘化对员工沉默行为的影响: 组织认同和心理安全感的中介作用 [J]. 数学的实践与认识, 2016, 46 (6): 62-72.

[148] 徐智华, 刘军, 朱彩弟. 组织支持感对职业倦怠的影响: 心理资本的中介作用 [J]. 现代管理科学, 2017 (7): 9-11.

[149] 卿涛, 凌玲, 闫燕. 团队领导行为与团队心理安全: 以信任为中介变量的研究 [J]. 心理科学, 2012, 35 (1): 208-212.

[150] 凌玲, 凌红. 工作满意度、组织信任和组织承诺关系的实证研究 [J]. 企业经济, 2009 (1): 43-45.

[151] 高伟明, 曹庆仁, 许正权. 伦理型领导对员工安全绩效的影响: 安全氛围和心理资本的跨层中介作用 [J]. 管理评论, 2017, 29 (11): 116-128.

[152] 高建丽, 孙明贵. 基于心理资本的包容型领导对创新行为的作用路径 [J]. 软科学, 2015, 29 (4): 100-103.

[153] 高建丽, 张同全. 个体-组织文化契合对敬业度的作用路径研究——以心理资本为中介变量 [J]. 中国软科学, 2015 (5): 101-109.

[154] 郭钟泽. 破镜能否重圆: 组织信任修复能挽回员工对组织的信任吗？[J]. 中国人力资源开发, 2019, 36 (4): 18-29.

[155] 席猛, 许勤, 仲为国, 等. 辱虐管理对下属沉默行为的影响——一个跨层次多特征的调节模型 [J]. 南开管理评论, 2015, 18 (3): 132-140, 150.

[156] 唐辉，赵富强，陈耘．基于心理资本中介效应的组织支持与知识转移影响机理研究［J］．当代经济管理，2013，35（4）：31-35．

[157] 诸彦含，彭艳．组织信任与知识共享：基于社会交换的分析视角［J］．求索，2013（8）：220-222．

[158] 黄凤羽，王晨．权力距离文化价值观对我国税收道德的影响——基于腐败容忍度的中介效应检验［J］．吉首大学学报（社会科学版），2020，41（1）：113-122．

[159] 曹倩，于斌，王熹．权力距离感对员工捐赠意愿的影响机制：权力认知视角［J］．科学学与科学技术管理，2018，39（4）：123-138．

[160] 章惠敏，王震，邹艳春，等．任务不合规矩导致员工不守规矩：不合规任务对职场越轨行为的影响［J］．中国人力资源开发，2019，36（9）：105-116．

[161] 屠兴勇，张琪，王泽英，等．信任氛围、内部人身份认知与员工角色内绩效：中介的调节效应［J］．心理学报，2017，49（1）：83-93．

[162] 彭伟，朱晴雯，陈奎庆．基于效忠主管和权力距离影响的包容型领导与员工工作投入关系研究［J］．管理学报，2017，14（5）：686-694，780．

[163] 韩雪松．从冲突到协调：知识型员工的组织认同培育模型［J］．财经科学，2006（12）：71-76．

[164] 惠青山．中国职工心理资本内容结构及其与态度行为变量关系实证研究［D］．广州：暨南大学，2009．

[165] 焦念涛，郑向敏．酒店实习生心理资本对留职意愿的影响：满意度和组织支持感的作用研究［J］．旅游学刊，2019，34（2）：106-119．

[166] 曾贱吉，欧晓明．组织信任理论研究述评［J］．技术经济与管理研究，2016（11）：40-43．

[167] 曾贱吉．企业员工组织信任：前因、效应及其作用［D］．成都：西南交通大学，2011．

[168] 曾贱吉．基于组织信任和组织政治知觉的变革型领导研究［J］．技术经济与管理研究，2017（7）：49-53．

[169] 温志毅．工作绩效的四因素结构模型［J］．首都师范大学学报（社会科学版），2005（5）：105-111．

[170] 温忠麟，叶宝娟．有调节的中介模型检验方法：竞争还是替补？［J］．心理学报，2014，46（5）：714-726．

[171] 温忠麟，张雷，侯杰泰．有中介的调节变量和有调节的中介变量［J］．心

理学报，2006（3）：448-452.

[172] 温碧燕，周小曼，吴秀梅．服务性企业员工正面心理资本、敬业度与工作绩效的关系研究［J］．经济经纬，2017，34（3）：93-98.

[173] 雷妮．企业内组织信任关系对组织学习过程影响实证研究［J］．湖南社会科学，2016（4）：115-119.

[174] 雷妮．企业视阈下的组织信任与组织学习关系研究［J］．江汉论坛，2016（4）：24-29.

[175] 詹小慧，苏晓艳．建言者个人声誉对领导纳言的影响：权力距离的跨层次调节作用［J］．科学学与科学技术管理，2019，40（8）：126-140.

[176] 蔡笑伦．多维视角下心理资本对职业倦怠的影响机理研究［D］．北京：北京交通大学，2019.

[177] 蔡翔，程发新．组织内部纵向信任影响因素研究的若干命题［J］．预测，2006（5）：28-34.

[178] 裴春秀．基于流程分析的组织信任构建方案［J］．商业时代，2006（21）：32，36.

[179] 廖建桥，杨春龙．经济发展水平和教育普及程度对权力距离的影响研究［J］．人力资源管理评论，2013（2）：39-47.

[180] 谭国威，马钦海．共创价值对顾客忠诚和员工工作绩效的影响［J］．技术经济，2017，36（8）：55-60.

[181] 谭新雨，刘帮成．服务型领导、心理所有权与员工建言行为的研究——权力距离导向的调节作用［J］．上海交通大学学报（哲学社会科学版）：2017，25（5）：49-58.

[182] 樊耘，李春晓，张克勤．考核奖惩标准对员工沉默的影响——心理安全感、信任的中介作用［J］．华东经济管理，2018，32（6）：133-140.

[183] 颜爱民，李莹．高绩效工作系统能否抑制员工沉默？［J］．首都经济贸易大学学报，2020，22（1）：92-102.

[184] 魏荣，黄志斌．企业科技创新团队心理资本结构及开发路径［J］．中国科技论坛，2008（11）：62-66.

[185] Akcin K, Erat S, Alniacik U, et al. Effect of psychological ownership on employee silence and task performance: a study on academicians［J］. International Business Research, 2018, 11（1）：34-43.

[186] Allen D G. Do organizational socialization tactics influence newcomer embeddedness and turnover?［J］. Academy of Management Best Conference Papers,

2004.

[187] Allen D G. Do organizational socialization tactics influence newcomer embeddedness and turnover? [J]. Journal of Management, 2006, 32 (3): 237-256.

[188] Alwiyanti R D, Bastaman A, Utomo K W. The relationship between organizational trust and employee creativity mediated by leader member exchange (LMX) [J]. International Journal of Innovative Science and Research Technology, 2020, 5 (2): 695-703.

[189] Anderson C, Galinsky A D. Power, optimism, and risk-taking [J]. European Journal of Social Psychology, 2010, 36 (4): 511-536.

[190] Avey J B, Hughes L W, Norman S M, et al. Using positivity, transformational leadership and empowerment to combat employee negativity [J]. Leadership & Organization Development Journal, 2008, 29 (2): 110-126.

[191] Avey J B, Luthans F, Smith R M, et al. Impact of positive psychological capital on employee well-being over time [J]. Journal of Occupational Health Psychology, 2010, 15 (1): 17-28.

[192] Avey J B, Luthans F, Youssef, C. M. The additive value of positive psychological capital in predicting work attitudes and behaviors [J]. Journal of Management, 2010, 36 (2): 430-452.

[193] Avolio B J, Gardner W L, Walumbwa F O, et al. Unlocking the mask: a look at the process by which authentic leaders impact follower attitudes and behaviors [J]. Leadership Quarterly, 2004, 15 (6): 801-823.

[194] Bagozzi R P, Yi Y. On the evaluation of structural equation models [J]. Journal of the Academy of Marketing Science, 1988, 16 (1): 74-94.

[195] Baron R M, Kenny D A. The moderator-mediator variable distinction in social psychological research: conceptual, strategic, and statistical considerations [J]. Journal of Personality and Social Psychology, 1986, 51 (6): 1173-1182.

[196] Ben-Ner A, Putterman L, Ren T. Lavish returns on cheap talk: two-way communication in trust games [J]. The Journal of Socio-Economics, 2011, 40 (1): 1-13.

[197] Boadi E A, He Z, Boadi E K, et al. Customer value co-creation and employee silence: emotional intelligence as explanatory mechanism [J]. International

Journal of Hospitality Management, 2020: 91.

[198] Borman W C, Motowidlo S J. Expanding the criterion domain to include elements of contextual performance [D]. San Francisco: the Personnel Selection in Organization, 1993.

[199] Brinsfield C T. Employee silence motives: investigation of dimensionality and development of measures [J]. Journal of Organizational Behavior, 2013, 34 (5): 671-697.

[200] Brislin R W. Expanding the role of the interpreter to include multiple facets of intercultural communication [J]. International Journal of Intercultural Relations, 1980, 4 (2): 137-148.

[201] Chen C. The effect of leader knowledge hiding on employee voice behavior—the role of leader-member exchange and knowledge distance [J]. Open Journal of Social Sciences, 2020, 8 (4): 69-95.

[202] Chen T, Hao S, Ding K, et al. The impact of organizational support on employee performance [J]. Employee Relations: The International Journal, 2020, 42 (1): 166-179.

[203] Chen X, Wei S. The impact of social media use for communication and social exchange relationship on employee performance [J]. Journal of Knowledge Management, 2020, 24 (6): 1289-1314.

[204] Chou S Y, Chang T. Employee silence and silence antecedents: a theoretical classification [J]. International Journal of Business Communication, 2020, 57 (3): 401-426.

[205] Clugston M, Howell J P, Dorfman P W. Does cultural socialization predict multiple bases and foci of commitment? [J]. Journal of Management, 2000, 26 (1): 5-30.

[206] Colquitt J A, Scott B A, LePine J A. Trust, trustworthiness, and trust propensity: a meta-analytic test of their unique relationships with risk taking and job performance [J]. Journal of Applied Psychology, 2007, 92 (4): 909-927.

[207] Connell J, Ferres N, Travaglione T. Engendering trust in manager-subordinate relationships: predictors and outcomes [J]. Personnel Review, 2003, 32 (5): 569-587.

[208] Costigan R D, Ilter S S, Berman J J. A multi-dimensional study of trust in organizations [J]. Journal of Managerial Issues, 1998, 10 (3): 303-317.

[209] Cronbach L J. Coefficient alpha and the internal structure of tests [J]. Psychometrika, 1951, 16 (3): 297-334.

[210] Culbert S A, McDonough J J. The politics of trust and organization empowerment [J]. Public Administration Quarterly, 1986, 10 (2): 171-188.

[211] Davis J H, Schoorman F D, Mayer R C, et al. The trusted general manager and business unit performance: empirical evidence of a competitive advantage [J]. Strategic Management Journal, 2000, 21 (5): 563-576.

[212] Dedahanov A T, Lee D, Rhee J, et al. An examination of the associations among cultural dimensions, relational silence and stress [J]. Personnel Review, 2016, 45 (3): 593-604.

[213] Detert J R, Burris E R. Leadership behavior and employee voice: is the door really open? [J]. The Academy of Management Journal, 2007, 50 (4): 869-884.

[214] Dienesch R M, Liden R C. Leader-member exchange model of leadership: a critique and further development [J]. The Academy of Management Review, 1986, 11 (3): 618-634.

[215] Direnzo M S, Greenhaus J H. Job search and voluntary turnover in a boundaryless world: a control theory perspective [J]. Academy of Management Review, 2011, 36 (3): 567-589.

[216] Dong X T, Chung Y W. The mediating effect of perceived stress and moderating effect of trust for the relationship between employee silence and behavioral outcomes [J]. Psychological Reports, 2020, 6.

[217] Dorfman P W, Howell J P. Dimension of national culture and effective leadership patterns: hofstede revisited [J]. Advances in international comparative management, 1988, 3 (1): 127-150.

[218] Du Plessis Y, Barkhuizen N. Psychological capital, a requisite for organisational performance in south africa [J]. South African Journal of Economic and Management Sciences, 2012, 15 (1): 16-30.

[219] Duan J, Bao C, Huang C, et al. Authoritarian leadership and employee silence in China [J]. Journal of Management and Organization, 2017, 24 (1): 1-19.

[220] Dyne L V, Ang S, Botero I C. Conceptualizing employee silence and employee voice as multidimensional constructs [J]. Journal of Management Studies,

2003, 40 (6): 1359-1392.

[221] Edmondson A C. Learning from mistakes is easier said than done: group and organizational influences on the detection and correction of human error [J]. The Journal of Applied Behavioral Science, 1996, 32 (1): 5-28.

[222] Elliot A J, Devine P G. On the motivational nature of cognitive dissonance: dissonance as psychological discomfort [J]. Journal of Personality and Social Psychology, 1994, 67 (3): 382-394.

[223] Fredrickson B L. The role of positive emotions in positive psychology: the broaden-and-build theory of positive emotions [J]. American Psychologist, 2001, 56 (3): 218-226.

[224] Fuller J B, Marler L E, Hester K. Promoting felt responsibility for constructive change and proactive behavior: exploring aspects of an elaborated model of work design [J]. Journal of Organizational Behavior, 2006, 27 (8): 1089-1120.

[225] Ge Y. Psychological safety, employee voice, and work engagement [J]. Social Behavior and Personality: an international journal, 2020, 48 (3): 1-7.

[226] Goldsmith A H, Veum J R, Darity W. The impact of psychological and human capital on wages [J]. Economic Inquiry, 1997, 35 (4): 815-829.

[227] Gong Z, Chen Y, Wang Y. The influence of emotional intelligence on job burnout and job performance: mediating effect of psychological capital [J]. Frontiers in psychology, 2019, 10: 1-11.

[228] Harrison J, Romney A C. Creating silence: how managerial narcissism decreases employee voice [J]. Curiosity, 2020, 1 (1): 1-12.

[229] Hayes A F. Introduction to mediation, moderation, and conditional process analysis: a regression-based approach [M]. New York: Guilford Press, 2013.

[230] Hayes A F, Rockwood N J. Conditional process analysis: concepts, computation, and advances in the modeling of the contingencies of mechanisms [J]. American Behavioral Scientist, 2020, 64 (1): 19-54.

[231] Hofstede G. Culture's consequences: international differences in work-related values [M]. Thousand Okaks: Sage Publications, 1984.

[232] Hofstede G. Cultural differences in teaching and learning [J]. International Journal of Intercultural Relations, 1986, 10 (3): 301-320.

[233] Hosen R, Solovey-Hosen D, Stern L. Education and capital development: capital as durable personal, social, economic and political influences on the happi-

ness of individuals [J]. Education, 2003, 123 (3): 496.

[234] Huang X, Van de Vliert E. Where intrinsic job satisfaction fails to work: national moderators of intrinsic motivation [J]. Journal of Organizational Behavior, 2003, 24 (2): 159-179.

[235] Jahanzeb S, Fatima T. How workplace ostracism influences interpersonal deviance: the mediating role of defensive silence and emotional exhaustion [J]. Journal of Business and Psychology, 2018, 33 (6): 779-791.

[236] Kim M J. The effect of corporate social responsibility activities on organizational trust and job performance [J]. International Journal of Advanced Culture Technology, 2020, 8 (3): 114-122.

[237] Kirkman B L, Chen G, Farh J L, et al. Individual power distance orientation and follower reactions to transformational leaders: a cross-level, cross-cultural examination [J]. Academy of Management Journal, 2009, 52 (4): 744-764.

[238] Kish Gephart J J, Detert J R, Treviño L K, et al. Silenced by fear: the nature, sources, and consequences of fear at work [J]. Research in Organizational Behavior, 2009, 29: 163-193.

[239] Knoll M, Dick R V. Do i hear the whistle…? A first attempt to measure four forms of employee silence and their correlates [J]. Journal of Business Ethics, 2013, 113 (2): 349-362.

[240] Larson M, Luthans, F. Potential added value of psychological capital in predicting work attitudes [J]. Journal of Leadership & Organizational Studies, 2006, 13 (1): 75-92.

[241] Lee Y T, Antonakis J. When preference is not satisfied but the individual is: how power distance moderates person-job fit [J]. Journal of Management, 2014, 40 (3): 641-675.

[242] Lewis J D, Weigert A J. Trust as a social reality [J]. Social Forces, 1985, 63 (4): 967-985.

[243] Liao S S, Hu D C, Chung Y C, et al. LMX and employee satisfaction: mediating effect of psychological capital [J]. Leadership & Organization Development Journal, 2017, 38 (3): 433-449.

[244] Luthans F. The need for and meaning of positive organizational behavior [J]. Journal of Organizational Behavior, 2002, 23 (6): 695-706.

[245] Luthans F, Avey J B, Avolio B J, et al. The development and resulting performance impact of positive psychological capital [J]. Human Resource Development Quarterly, 2010, 21 (1): 41-67.

[246] Luthans F, Avey J B, Clapp Smith R, et al. More evidence on the value of chinese workers' psychological capital: a potentially unlimited competitive resource? [J]. International Journal of Human Resource Management, 2008, 19 (5): 818-827.

[247] Luthans F, Avolio B J, Walumbwa F O, et al. The psychological capital of chinese workers: exploring the relationship with performance [J]. Management and Organization Review, 2005, 1 (2): 249-271.

[248] Luthans F, Norman S M, Avolio B J, et al. The mediating role of psychological capital in the supportive organizational climate—employee performance relationship [J]. Journal of Organizational Behavior, 2008, 29 (2): 219-238.

[249] Luthans F, Youssef C M. Human social, and now positive psychological capital management [J]. Organizational Dynamics, 2004, 33 (2): 143-160.

[250] Luthans F, Youssef C M, Avolio B J. Psychological capital: developing the human competitive edge (Vol. 1-22) [M]. Oxford: Oxford University Press, 2007.

[251] Maartje P, Jozef R P. Effect of motivation, leadership, and organizational culture on satisfaction and employee performance [J]. The Journal of Asian Finance, Economics and Business, 2020, 7 (8): 577-588.

[252] Mackinnon D P. Introduction to statistical mediation analysis [M]. London: Routledge, 2008.

[253] Mayer R C, Davis J H, Schoorman F D. An integrative model of organizational trust [J]. Academy of Management Review, 1995, 20 (3): 709-734.

[254] Mayer R C, Gavin M B. Trust in management and performance: who minds the shop while the employees watch the boss? [J]. The Academy of Management Journal, 2005, 48 (5): 874-888.

[255] Mcallister D J. Affect-and cognition-based trust as foundations for interpersonal cooperation in organizations [J]. Academy of Management Journal, 1995, 38 (1): 24-59.

[256] Monzani L, Braun S, Van Dick R. It takes two to tango: the interactive effect of authentic leadership and organizational identification on employee silence in-

tentions [J]. German Journal of Human Resource Management, 2016, 30 (3-4): 246-266.

[257] Morrison E W, Milliken F J. Organizational silence: a barrier to change and development in a pluralistic world [J]. Academy of Management Review, 2000, 25 (4): 706-725.

[258] Morrison E W, See K E, Pan C. An approach-inhibition model of employee silence: the joint effects of personal sense of power and target openness [J]. Personnel Psychology, 2015, 68 (3): 547-580.

[259] Motowildo S J, Borman W C, Schmit M J. A theory of individual differences in task and contextual performance [J]. Human Performance, 1997, 10 (2): 71-83.

[260] Mousa M, Abdelgaffar H A, Aboramadan M, et al. Narcissistic leadership, employee silence, and organizational cynicism: a study of physicians in egyptian public hospitals [J]. International Journal of Public Administration, 2020: 1-10.

[261] Mulder M. The daily power game [J]. International, 1977: 6.

[262] Muller D, Judd C M, Yzerbyt V Y. When moderation is mediated and mediation is moderated [J]. Journal of Personality and Social Psychology, 2005, 89 (6): 852-863.

[263] Nembhard I M, Edmondson A C. Making it safe: the effects of leader inclusiveness and professional status on psychological safety and improvement efforts in health care teams [J]. Journal of Organizational Behavior, 2006, 27 (7): 941-966.

[264] Ngwenya B, Pelser T. Impact of psychological capital on employee engagement, job satisfaction and employee performance in the manufacturing sector in zimbabwe [J]. SA Journal of Industrial Psychology, 2020, 46 (4): 1-12.

[265] Nyhan R C. Increasing affective organizational commitment in public organizations: the key role of interpersonal trust [J]. Review of Public Personnel Administration, 1999, 19 (3): 58-70.

[266] Paul S, Seetharaman P, Samarah I, et al. Impact of heterogeneity and collaborative conflict management style on the performance of synchronous global virtual teams [J]. Information & Management, 2004, 41 (3): 303-321.

[267] Peterson S J, Walumbwa F O, Byron K, et al. CEO positive psychological

traits, transformational leadership, and firm performance in high – technology start-up and established firms [J]. Journal of Management Official Journal of the Southern Management Association, 2015, 35 (2): 348-368.

[268] Pinder C C, Harlos K P. Employee silence quiescence and acquiescence as responses to perceived injustice [J]. Research in Personnel & Human Resources Management, 2001, 20: 331-369.

[269] Pirzada Z, Phulpoto N, Mahar S. Study of employee silence, organizational justice and work engagement: mediation analysis [J]. International Journal of Computer Science and Network Security, 2020, 20 (1): 9-14.

[270] Podsakoff P M, Mackenzie S B, Lee J Y, et al. Common method biases in behavioral research: a critical review of the literature and recommended remedies [J]. Journal of Applied Psychology, 2003, 88 (5): 879-903.

[271] Podsakoff P M, MacKenzie S B, Moorman R H, et al. Transformational leader behaviors and their effects on followers' trust in leader, satisfaction, and organizational citizenship behaviors [J]. The Leadership Quarterly, 1990, 1 (2): 107-142.

[272] Preacher K J, Rucker D D, Hayes A F. Addressing moderated mediation hypotheses: theory, methods, and prescriptions [J]. Multivariate Behavioral Research, 2007, 42 (1): 185-227.

[273] Rai A, Agarwal U A. Workplace bullying and employee silence a moderated mediation model of psychological contract violation and workplace friendship [J]. Personnel Review, 2018, 47 (1): 226-256.

[274] Robinson L. Trust and breach of the psychological contract [J]. Administrative Science Quarterly, 1996, 41 (4): 574-599.

[275] Rotundo M, Sackett P R. The relative importance of task, citizenship, and counterproductive performance to global ratings of job performance: a policy-capturing approach [J]. Journal of Applied Psychology, 2002, 87 (1): 66-80.

[276] Safavi H P, Bouzari M. How can leaders enhance employees' psychological capital? Mediation effect of person-group and person-supervisor fit [J]. Tourism Management Perspectives, 2020, 33.

[277] Siddique C M, Siddique H F, Siddique S U. Linking authoritarian leadership to employee organizational embeddedness, LMX and performance in a high-power

distance culture: a mediation-moderated analysis [J]. Journal of Strategy and Management, 2020, 13 (3): 393-411.

[278] Snyder C R. Hope theory: rainbows in the mind [J]. Psychological Inquiry, 2002, 13 (4): 249-275.

[279] Song J, Gu J, Wu J, et al. Differential promotive voice-prohibitive voice relationships with employee performance: power distance orientation as a moderator [J]. Asia Pacific Journal of Management, 2019, 36 (4): 1053-1077.

[280] Supriyadi D, Syafitri L N H, Widodo S F A, et al. Innovation and authentic leadership of islamic university lectures in faculty pharmacy faculty: what is the role of psychological capital? [J]. Systematic Reviews in Pharmacy, 2020, 11 (8): 383-393.

[281] Sweetman D, Luthans F, Avey J B, et al. Relationship between positive psychological capital and creative performance [J]. Canadian Journal of Administrative Sciences, 2011, 28 (1): 4-13.

[282] Tangirala S, Ramanujam R. Employee silence on critical work issues the cross level effects of procedural justice climate [J]. Personnel Psychology, 2008, 61 (1): 37-68.

[283] Tjosvold D, Sun H F. Understanding conflict avoidance: relationship, motivations, actions, and consequences [J]. International Journal of Conflict Management, 2002, 13 (2): 142-164.

[284] Udin U, Yuniawan A. Psychological capital, personality traits of big-five, organizational citizenship behavior, and task performance: testing their relationships [J]. The Journal of Asian Finance, Economics, and Business, 2020, 7 (9): 781-790.

[285] Van Scotter J R, Motowidlo S J. Interpersonal facilitation and job dedication as separate facets of contextual performance [J]. Journal of Applied Psychology, 1996, 81 (5): 525-531.

[286] Walumbwa F O, Luthans F, Avey J B, et al. Authentically leading groups: the mediating role of collective psychological capital and trust [J]. Journal of Organizational Behavior, 2011, 32 (1): 4-24.

[287] Walumbwa F O, Peterson S J, Avolio B J, et al. An investigation of the relationships among leader and follower psychological capital, service climate, and job performance [J]. Personnel Psychology, 2010, 63 (4): 937-963.

[288] Wang C C, Hsieh H H, Wang Y D. Abusive supervision and employee engagement and satisfaction: the mediating role of employee silence [J]. Personnel Review, 2020, 49 (9): 1845-1858.

[289] Wang Y, Zheng Y, Zhu Y. How transformational leadership influences employee voice behavior: the roles of psychological capital and organizational identification [J]. Social Behavior and Personality: an international journal, 2018, 46 (2): 313-321.

[290] Weiss, H M, Cropanzano R. Affective events theory: a theoretical discussion of the structure, causes and consequences of affective experiences at work [J]. Research in Organizational Behavior, 1996, 18 (3): 1-74.

[291] Whiteside D, Barclay L. Echoes of silence: employee silence as a mediator between overall justice and employee outcomes [J]. Journal of Business Ethics, 2013, 116 (2): 251-266.

[292] Xu A J, Loi R, Lam L W. The bad boss takes it all: how abusive supervision and leader-member exchange interact to influence employee silence [J]. The Leadership Quarterly, 2015, 26 (5): 763-774.

[293] Xu Q, Zhao Y, Xi M, et al. Abusive supervision, high-performance work systems, and subordinate silence [J]. Personnel Review, 2020, 49 (8): 1637-1653.

[294] Yammarino F J, Dionne S D, Schriesheim C A, et al. Authentic leadership and positive organizational behavior: a meso, multilevel perspective [J]. Leadership Quarterly, 2008, 19 (6): 693-707.

[295] Yang J S. Differential moderating effects of collectivistic and power distance orientations on the effectiveness of work motivators [J]. Management Decision, 2019, 58 (4): 644-665.

[296] Yang S, Huang H, Qiu T, et al. Psychological capital mediates the association between perceived organizational support and work engagement among chinese doctors [J]. Frontiers in Public Health, 2020, 8.

[297] Younas S, Tahir F, Sabih F, et al. Psychological capital and mental health: empirical exploration in perspective of gender [J]. International Journal of Sciences and Research, 2020, 76 (1): 150-175.

[298] Yu Y, Liu Q. The effect of psychological capital and organizational support on innovational behavior and silence behavior of technical innovation personnel in

strategic emerging industry [J]. American Journal of Industrial & Business Management, 2016, 6 (6): 732-740.

[299] Yuan Y, Mackinnon D P. Bayesian mediation analysis [J]. Psychological Methods, 2009, 14 (4): 301-322.

[300] Yuting L, Jing Z, Hao J. The relationship between abusive supervision and employee silence: a meta-analysis. Paper presented at the International Conference on Arts [J]. Humanity and Economics, Management (ICAHEM 2019), 2020.

[301] Zhang Y, Yang F. How and when spiritual leadership enhances employee innovative behavior [J]. Personnel Review, ahead-of-print (ahead-of-print), 2020.

# 附　　录

## 附录1　访谈题项

您好，我在写作一篇著作，涉及员工沉默行为、心理资本与员工绩效的研究，想向您请教一些问题，感谢您的帮助！

1. 您参加工作多长时间了？您所在的企业是什么类型的，从事什么岗位的工作？

2. 对于员工沉默行为的理解是："员工有一些对于组织发展的想法，也有对组织的困惑及存在的问题的建议，但是，由于种种原因员工过滤掉这些信息，选择避而不谈，保持沉默行为。"站在您的立场，如何看待这种行为？

3. 根据您的理解和工作经历，能否举一些关于员工沉默行为的表现、事例等？

4. 您认为，员工沉默行为会给员工和组织分别造成什么影响？

5. 在工作当中，您的组织中是否存在对组织发展漠不关心的人，您的态度是怎么样的？

6. 当您面对组织中存在的员工沉默现象时，您的心态有什么不同？对工作有影响吗？

7. 您觉得，如何才能消除或减少员工沉默行为造成的不良影响？

8. 对于心理资本的理解是："是一种积极的心理能力，对于组织的健康发展至关重要，大体表现为有自信心、对自己及环境充满希望、具有乐观面对一切的良好心态和抗压耐挫能力。"站在您的立场，如何看待这种心理能力？

9. 您认为，心理资本会给工作带来什么变化？

10. 本研究的组织信任，界定为"员工对组织整体的信任。"您认为，当员工沉默行为发生后，随着组织信任水平的增加，能否削弱员工的沉默行为？员工的心理状态会有什么转变？

11. 对于权力距离的理解是："个体对权力分配不平等的认可程度。高权力距离的个体更加认可和看重等级和权威；低权力距离的个体强调平等、尊重和自由。"您认为，降低员工的权力距离感知水平，会对员工沉默行为产生什么影响？

心态上会有什么变化？

## 附录2　访谈内容

大家好，各位优秀的企业管理者及员工，欢迎您们莅临访谈的现场。我著作的探索性研究需要请教诸位几个问题，望不吝赐教，非常感谢！

之前，访谈的问题的题纲已经提前半个月以纸质和邮箱方式发送给大家了，今天访谈的现场也为大家每人打印了一份访谈的问题题纲。为了保证访谈的流畅性，请大家一次性把提纲中所涉及的问题回答完，感谢大家的配合！咱们就按照顺时针方向开始咱们的访谈，那就从侯经理（受访者1）开始吧，欢迎欢迎。

侯经理（受访者1）：大家好，我是某公司的总经理，11年来在公司主要从事的是市政工程和房屋建筑的支护工作。对于员工的沉默行为，自己当初很是生气，耽误了公司一些问题的解决，造成了不少的损失，后来，觉得这个行为的存在有种种原因，有深层次的中国的文化影响，应该想办法解决或者降低其危害性，而不仅仅是暴力应对。这种行为是一种负性行为，具有很大的危害性，我认为其主要表现为：有什么问题都不讲，怕影响团结。干什么事情老是没精打采的，缺乏斗志。安排他干什么，他就干什么，多一点也不干，没有一点创新。这种行为对于公司的发展不利，负面影响比较大。对于公司中存在的对企业发展漠不关心的人，我采取的是激励和惩罚的措施，减少这部分人带来的消极影响。当公司中普遍存在这种行为时，自己的心态也会受到影响，产生一些消极情绪，这对于工作的开展不利。为了减少其带来的不利影响，应该创造一个公平、公正、公开的竞争环境和发展机会，领导者应多听取员工的建议，提升员工的抗压能力，增加心理正能量。而公司的文化氛围对于企业的发展也是特别重要的，我们也积极致力于这方面的创造。当负面因素出现后，如何面对，是考验一名员工、一个企业驾驭能力和应对风险能力的重要体现，从根本上讲也是对心理能力的考验。一种积极的心理能让其顺利、坦然地面对问题，可以一一化解矛盾。心理资本对于好的工作成绩还是十分必要的，积极影响同事、积极影响绩效，创造良好的氛围。如果说组织信任水平增加的话，还是有利于降低沉默行为产生的危害的，也许还有利于增加员工的信心，对公司重新建立希望是大有裨益的。权力距离的感知水平高的话，就会觉得领导说了算，服从就行了，沉默行为就会高。如果进行沟通交流，降低这种权力距离感知的话，员工会觉得公司待我不错，不能辜负领导和公司对自己的期望，一定得做出点成绩给上级看，把公司的事情当作自家的事情来做，心态上就比较积极乐观向上。

党总（受访者2）：我是某企业的党××，15年来我的企业主要从事文化教育方面的工作。对于文化教育企业中的员工沉默行为我是有很深的感触的，知道它的危害性，是比较隐秘且难以根除的，需要久久为功。有些员工就认为，企业发展的好坏与自己没有太多的关系，拿点工资，没必要管那么多。其实，这种心态是非常具有危害性的。有时候让员工多参与多发言，他们就是无声应对、漠不关心。对待这样的员工，我任其自生自灭。当企业中出现员工沉默行为的现象时，我是很忧虑的，有时候心态也受到消极影响，不利于工作的开展。通过组织、员工、领导三方积极努力，尽量降低或者减少员工沉默行为的影响。在与人打交道的过程中，难免会有摩擦与分歧，但应该调整好心态，积极应对，化解矛盾，就能看到光明，推动工作向积极的方向转变。组织信任程度越高，员工的反馈意识越强，心态越积极乐观，越能为企业的发展积极建言献策。权力距离也许和沉默行为一样存在于员工和企业当中，降低权力距离的感知水平不一定能够彻底消除沉默行为，但或许能够削弱、降低它的存在程度。

李先生（受访者3）：你们好啊，我是李××，从事房屋建筑施工20年了。有员工认为，只要做好自己分内的工作，人际关系过得去就好了。员工沉默行为对于员工自身及企业整体的危害性还是很大的。比如，有一些小的问题不能够被及时发现解决的话，终会造成大的破坏，防微杜渐是非常必要的。否则，影响员工的自身发展和企业的生存。应该及时清退那些对企业发展和未来漠不关心的员工，企业是不养闲人的，也不养那些对企业不忠、对企业不看好的人。为了消除员工沉默行为的负面影响，我们应该提升员工的综合能力，将他们的自我实现与公司未来的发展壮大紧密结合起来。其实，如果一个人的心理能力比较强的话，就能克服工作中的很多问题，对工作任务执着尽责，能积极努力地完成，实现绩效的提升。当组织信任水平较高时，要统一意见，积极执行上级的决策，坚持少数服从多数，努力推动工作向前运行。我觉得权力距离的感知和沉默行为的存在好像关系不是太大，也不至于影响自身的心态。

师经理（受访者4）：各位朋友大家好，我是师××，现在主要做产品管道销售方面的生意，至今已经有18年了。对于我们做产品管道销售的公司来说，业绩与待遇直接挂钩，员工沉默行为的存在可能对企业整体业绩有一定的影响，但是，显著性也不是太大，主要还是对员工自身的影响较大。对产品的改善意见不怎么说，对客户的反馈不及时报告给公司，这些都会对接下来的销售工作产生不利的影响，且影响绩效水平的提升，对员工的心态和企业氛围都会产生不利影响。应实施比较科学的举措应对这种沉默行为，比如，采取内部激励措施，奖励有效的建言行为，在员工晋升方面给予便利等。心态好的员工对工作也许是积极的，倘若不够专注也是徒劳的。组织信任水平的高低对心态的影响只是短暂的，不一定具有持久性和显著性，需要细细考量。如果说员工的权力距离的感知水平低的话，他们就能够相对轻松自由自在的畅所欲言，发表言论，能够为企业生存发展提供有效的信息。

　　**高董事长**（受访者5）：大家好，我的企业现在主要从事电缆的生产、销售等方面的工作，我担任负责人已经有11年了。在我们这么一个大的制造企业当中，每天都会发生很多的事情，不可能每个方面都能关注到，员工沉默行为的存在也是比较常见的，人员多、机构杂，如果任由小的问题演化，有可能会酿成大的祸患，带来万劫不复的灾难。因此，我们应当杜绝自身力所能及却任由问题发展扩大蔓延的不作为行为的发生。这种沉默行为的存在无论是对于员工自身还是对组织成长都是非常不利的，不利于个人的提升、绩效的改善，不利于企业的生存和扩大。对企业漠不关心的员工要注意引导，正面激励加侧面教育，确实无效的可使其自动离职。当自己面对沉默行为的时候，感觉工作比较难以深入开展，虽然很是辛苦，但却不能从根源上有效破局，有一股无形而黑暗的势力在膨胀，做好每个员工的工作，让其自动作为显得尤为重要。作为企业的管理者，应该更多倾听基层员工的建议，多多进行个性化关怀，注重家庭与企业间的互动。员工个人的心态比较积极，会将周围的氛围带动起来，产生比较好的正面效应，给同事正向积极的暗示，对于员工自己和企业整体的效益提升都是非常有帮助的。有些员工对企业漠不关心，行为消极应付，不操心、不参与，特别懒散。信任关系好的上下级之间，容易开展工作、拉近距离、增强信心、广开言路。权力距离感知水平的降低可以在一定程度上减弱员工沉默行为的强度，增强员工的信心。

　　**姚经理**（受访者6）：朋友们好，我的企业现在主要从事钢管销售方面的工作，我做这个已经有10年了。公司中有一些员工大事不管、小事不顾，对某些瑕疵装作视而不见，从不对企业中的一些问题提出改善，中规中矩得很。对于出现的问题推脱扯皮、从不担责。员工干着不带劲，企业发展利益遭受损失，影响领导、同事的心情，不利于组织效能和自信心的提升，最终害人害己。所以，公司应该去除官僚化的管理方式，转变领导风格，增强员工的心理能力，塑造员工良好的抗压能力，以期减少或降低该负性行为带来的危害。工作不求什么功劳，只要没有什么过错就好。心态积极的员工能够有比较好的抗压能力，能够胜任繁杂的工作事务，对企业的发展也充满信心和希望。其实，社会交换关系有很大部分是基于信任关系的，员工越是信任组织和领导，就会对自己和公司的工作信心十足，把为企业工作当作分内的事情来做。权力距离感知水平的降低能够让员工有平等参与的感知，有利于沟通交流，可与其他人换位思考，心态积极自信。

杜女士（受访者7）：好久不见啦，你们好啊，我们公司做的是保险理财，我的业务是基金、保险销售，我做这个事情已经有13年了，有需要的朋友可以找我了解。我自己的理解，员工沉默行为主要表现为有选择性地说和做，隐藏一些能做能说，却不做不说的问题，致使个人及企业受损。我们知道员工沉默行为是要不得的，对员工自身、企业、同事等都会产生不利影响，严重者会造成企业的灭失，对周围人的心态也会造成不好的影响，不利于工作绩效的提升和创新成果的出现，必须加以杜绝。及时清除企业中的游离员工，使员工与企业合为一体、共生共荣。减少沉默行为的发生并不容易，需要多方努力，企业要创造良好、和谐的文化氛围，使同事之间的关系融洽，领导与员工结对共建，实现员工与企业的共赢互利。与人交往中，总会发生不愉快，但是应该宽以待人，在工作中就会看到希望。信任关系的强弱能否成为撼动沉默行为的因素，目前来看，需要在管理实践中进一步检验。权力距离感知水平的降低不一定能去除沉默行为，也许可以起到减弱的作用，使员工比较积极乐观。

杨经理（受访者8）：各位领导好啊，我的企业做的是饮食，感谢各位一直以来照顾生意，到现在经营了23年，也见证了这些年来咱们这个城市的兴衰与变迁。饮食行业是比较注重细节和服务的，而有些员工面对繁杂的事务，能少做则少做，对一些错误视而不见，听之任之，更别说是多做事了。员工沉默行为的存在是特别不好的，影响氛围和员工间的关系，不利于企业绩效的提升；容易滋生不良的情绪，使得企业缺少希望、活力，因此，必须在企业内外部形成良好的监督制约机制，同时，注重舆论的监督，多方合力，将这一负性行为减少或者降低。这么多年的经营，给我的感受是一个人的精气神对于干好工作很重要，这个精气神来源于内心的能量，心理能力强的员工能够化繁为简，心态积极胜任工作，即使短时间内效果不佳，仍能坚持努力，在自己的岗位上奋战。即便自己知道一些决策的用意，也应当积极求同存异、统一认识，把整体工作推向前进。信任关系是不可缺少的，在沉默行为比较厚重的氛围中施加信任的影响，其效果应该是存在的，但是，是否有明显作用就比较难下定论了。员工权力距离的感知未必影响员工的心理，因为员工的心理受领导、组织、员工关系和环境氛围的影响较为显著。

王经理（受访者9）：大家好，我是王×，从事茶叶生意已经有16年了。有的员工发现茶叶受潮、品相不好等，觉得费事，不联系调货，且不及时向公司汇报，存在侥幸心理，依然发货给客户，最终影响信誉，给自身和企业造成损失。个人觉得选择对问题避而不谈的员工沉默行为，是比较愚蠢的行为，对自身心态影响消极，对工作也没什么好处，不利于个人的成长，也不利于公司的发展，应该杜绝此类行为的出现。员工应积极自我增强心理能力，强化责任意识、担当意识，畅通发展道路，多与领导沟通。企业应更多地关注员工自身的实际需求，加强联系，听取员工的发展建议。在生意当中是很能考验员工的心态和意志力的，有时候心理压力很大，这个时候个体在面对工作时的差异就显现出来了，心理能力强的员工在面对不利局面时总能从容面对、积极化解矛盾，表现得执着坚韧，给人以希望和力量。当沉默行为发生后，信任显得很是重要，容易建立兄弟般的关系，有信心才能给人以力量、才能更积极地工作和生活。员工对于权力距离的感知高低并不能左右沉默行为的发生。

吕经理（受访者10）：你们好啊，我的公司主要做的是房屋建筑板材的生产与销售，至今19年了。公司中有的员工一问三不知、敷衍应付、漠视一切，没有责任心和动力，对于这样的员工应趁早辞退，以免影响企业氛围。更有的员工在生产和销售板材中发现产品或者管理中的有些问题，不及时说明情况、不及时处理，保持沉默，着实对组织的发展不利。受这种行为的影响，时间一长，大家伙的干劲就会不足、消极怠工，让人看不到希望、影响心情、阻碍绩效的增长。为了减少这种负性行为带来的不利影响，企业应该创造宽松、自由的平台，让员工勇于发表建议，领导发挥组织艺术，激发员工的创造活力，促进绩效的提升。当然，工作中难免会遇到挫折、摩擦、冲突，巧妙化解工作中的难题显得尤为重要。积极的心态特别重要，能让人看到未来和希望。我相信组织信任的作用，置于该研究关系中，在哪个位置上有作用需要进一步验证。有时候感觉领导严肃的话，就不大愿意敢和他讲话，也就不会提意见。所以，员工的权力距离的感知程度的降低对于减弱员工的沉默行为是有效果的，也有利于增强员工无畏勇敢的精神。

## 附录3　预测试问卷

您好！设计的这份学术性研究问卷，意在探究员工沉默行为、心理资本、员工绩效之间的关系，采用*匿名填写*，回答没有"对"与"错"之分，调查结果仅供研究使用，不对外公开，请您根据实际感受如实填写。

感谢您的积极参与！

基本信息

1. 您的性别：

A. 男　　B. 女

2. 您的年龄：

A. 20~30 岁　　B. 31~40 岁　　C. 41~50 岁　　D. 51 岁及以上

3. 您的教育程度：

A. 高中或中专及以下　　B. 大专　　C. 本科　　D. 硕士及以上

4. 您在本单位的工作年限：

A. 1 年及以下　　B. 1~3 年　　C. 3~5 年　　D. 5~10 年

E. 10 年及以上

5. 您的职位类别：

A. 一般职员　　B. 基层管理者　　C. 中层管理者　　D. 高层管理者

6. 您所在单位类型：

A. 国有企业　　B. 民营企业　　C. 外资企业　　D. 合资企业　　E. 其他

7. 您的岗位类别：

A. 技术/研发　　B. 生产/运营　　C. 市场/销售　　D. 财务/会计

E. 人力/行政　　F. 其他

8. 您所在企业的行业类型：

9. 您所在企业的资产规模：

10. 您所在企业员工的总数：

以下每一个题项中对应着：非常不同意、不同意、有点同意、同意、非常同意五个选项，请任选其一，并在符合的方框内画"√"。

第一部分：没有对错之分，请任选其一，并在方框内画"√"。

| | 题项 | 非常不同意 | 不同意 | 有点同意 | 同意 | 非常同意 |
|---|---|---|---|---|---|---|
| 1 | 领导基本已经决定了，自己的意见不会起太大作用，所以什么也不说 | 1 | 2 | 3 | 4 | 5 |
| 2 | 我的建议不会影响现行的状况，所以不发表意见 | 1 | 2 | 3 | 4 | 5 |
| 3 | 领导采纳我的建议的可能性很小，所以不发表意见 | 1 | 2 | 3 | 4 | 5 |
| 4 | 领导不会更改一些决定，说了没有很大的意义，所以保持沉默 | 1 | 2 | 3 | 4 | 5 |
| 5 | 担心影响同事间的人际关系，因此不发表意见 | 1 | 2 | 3 | 4 | 5 |
| 6 | 以免成为众矢之的，所以保持沉默 | 1 | 2 | 3 | 4 | 5 |

续表

| | 题项 | 非常不同意 | 不同意 | 有点同意 | 同意 | 非常同意 |
|---|---|---|---|---|---|---|
| 7 | 担心得罪领导和同事，所以不发表意见 | 1 | 2 | 3 | 4 | 5 |
| 8 | 我和大家关系都不错，碍于面子，还是不要提意见 | 1 | 2 | 3 | 4 | 5 |
| 9 | 别人的事情和我没关系，没有必要说 | 1 | 2 | 3 | 4 | 5 |
| 10 | 我对企业的事情不关心，无所谓 | 1 | 2 | 3 | 4 | 5 |
| 11 | 对存在的问题，采用中庸之道，不多说也就没有太多责任 | 1 | 2 | 3 | 4 | 5 |
| 12 | 我和企业的感情不深，没必要说 | 1 | 2 | 3 | 4 | 5 |

第二部分：凭感觉回答即可，请任选其一，并在方框内画"√"。

| | 题项 | 非常不同意 | 不同意 | 有点同意 | 同意 | 非常同意 |
|---|---|---|---|---|---|---|
| 1 | 我相信自己能分析长远的问题，并找到解决方案 | 1 | 2 | 3 | 4 | 5 |
| 2 | 与管理层开会时，在陈述自己工作范围之内的事情这方面我很自信 | 1 | 2 | 3 | 4 | 5 |
| 3 | 我相信自己对公司战略的讨论有贡献 | 1 | 2 | 3 | 4 | 5 |
| 4 | 在我的工作范围内，我相信自己能够帮助设定目标 | 1 | 2 | 3 | 4 | 5 |
| 5 | 我相信自己能够与公司外部的人（比如供应商、客户）有效沟通与联系 | 1 | 2 | 3 | 4 | 5 |
| 6 | 我相信自己能够向一群同事陈述信息 | 1 | 2 | 3 | 4 | 5 |
| 7 | 如果我发现自己在工作中陷入了困境，我能想出很多办法摆脱出来 | 1 | 2 | 3 | 4 | 5 |
| 8 | 目前，我在精力饱满地完成自己的工作目标 | 1 | 2 | 3 | 4 | 5 |
| 9 | 任何问题都有很多解决方法 | 1 | 2 | 3 | 4 | 5 |
| 10 | 眼前，我认为自己在工作上相当成功 | 1 | 2 | 3 | 4 | 5 |

续表

| | 题项 | 非常不同意 | 不同意 | 有点同意 | 同意 | 非常同意 |
|---|---|---|---|---|---|---|
| 11 | 我能想出很多办法来实现我目前的工作目标 | 1 | 2 | 3 | 4 | 5 |
| 12 | 目前,我正在实现我为自己设定的工作目标 | 1 | 2 | 3 | 4 | 5 |
| 13 | 在工作中遇到挫折时,我很难从中恢复过来,并继续前进(R) | 1 | 2 | 3 | 4 | 5 |
| 14 | 在工作中,我无论如何都会去解决遇到的难题 | 1 | 2 | 3 | 4 | 5 |
| 15 | 在工作中如果不得不去做,我也能做 | 1 | 2 | 3 | 4 | 5 |
| 16 | 我通常对工作中的压力能泰然处之 | 1 | 2 | 3 | 4 | 5 |
| 17 | 因为以前经历过很多磨难,所以我现在能挺过工作上的困难时期 | 1 | 2 | 3 | 4 | 5 |
| 18 | 在我目前的工作中,我感觉自己能同时处理很多事情 | 1 | 2 | 3 | 4 | 5 |
| 19 | 在工作中,当遇到不确定的事情时,我通常期盼事情向好的方向发展 | 1 | 2 | 3 | 4 | 5 |
| 20 | 如果某件事情会出错,即使我明智地工作,它也会出错(R) | 1 | 2 | 3 | 4 | 5 |
| 21 | 对于自己的工作,我总是看到事情光明的一面 | 1 | 2 | 3 | 4 | 5 |
| 22 | 对我的工作的未来发展,我是乐观的 | 1 | 2 | 3 | 4 | 5 |
| 23 | 在我目前的工作中,事情从来没有像我希望的那样发展(R) | 1 | 2 | 3 | 4 | 5 |
| 24 | 工作时,我总相信"黑暗的背后就是光明,不用悲观" | 1 | 2 | 3 | 4 | 5 |

第三部分:按照实际情况作答,请任选其一,并在方框内画"√"。

| | 题项 | 非常不同意 | 不同意 | 有点同意 | 同意 | 非常同意 |
|---|---|---|---|---|---|---|
| 1 | 我可以准确地完成自己的工作目标 | 1 | 2 | 3 | 4 | 5 |
| 2 | 我总是按时完成分派给我的工作任务 | 1 | 2 | 3 | 4 | 5 |

续表

| | 题项 | 非常不同意 | 不同意 | 有点同意 | 同意 | 非常同意 |
|---|---|---|---|---|---|---|
| 3 | 我能够高质量地完成工作 | 1 | 2 | 3 | 4 | 5 |
| 4 | 我对工作时间有较高的利用率 | 1 | 2 | 3 | 4 | 5 |
| 5 | 我愿意留在本部门继续工作 | 1 | 2 | 3 | 4 | 5 |
| 6 | 我工作格外努力 | 1 | 2 | 3 | 4 | 5 |
| 7 | 我总是能够主动帮助他人完成工作 | 1 | 2 | 3 | 4 | 5 |
| 8 | 我经常能够主动承担本职工作以外的其他工作 | 1 | 2 | 3 | 4 | 5 |

第四部分：凭第一印象回答即可，请任选其一，并在方框内画"√"。

| | 题项 | 非常不同意 | 不同意 | 有点同意 | 同意 | 非常同意 |
|---|---|---|---|---|---|---|
| 1 | 我相信我的单位是非常正直的 | 1 | 2 | 3 | 4 | 5 |
| 2 | 我认为我的单位对待我的态度是可靠的 | 1 | 2 | 3 | 4 | 5 |
| 3 | 我的单位是诚实可信的 | 1 | 2 | 3 | 4 | 5 |
| 4 | 我相信单位的动机和意图是好的 | 1 | 2 | 3 | 4 | 5 |
| 5 | 我认为单位能够公正地对待我 | 1 | 2 | 3 | 4 | 5 |
| 6 | 我的单位对我是坦率、直接的 | 1 | 2 | 3 | 4 | 5 |
| 7 | 我完全相信单位 | 1 | 2 | 3 | 4 | 5 |

第五部分：回答没有对错之分，请任选其一，并在方框内画"√"。

| | 题项 | 非常不同意 | 不同意 | 有点同意 | 同意 | 非常同意 |
|---|---|---|---|---|---|---|
| 1 | 我认为管理者的绝大多数决策都不需要咨询员工 | 1 | 2 | 3 | 4 | 5 |

续表

| 题项 | 非常不同意 | 不同意 | 有点同意 | 同意 | 非常同意 |
|---|---|---|---|---|---|
| 2 对待员工时,管理者常常有必要使用权威和权力 | 1 | 2 | 3 | 4 | 5 |
| 3 管理者应该较少地征求员工的看法 | 1 | 2 | 3 | 4 | 5 |
| 4 管理者应该避免和员工发生工作以外的接触 | 1 | 2 | 3 | 4 | 5 |
| 5 员工应该全力服从管理层作出的决策(R) | 1 | 2 | 3 | 4 | 5 |
| 6 管理者不应该安排重要的任务给员工 | 1 | 2 | 3 | 4 | 5 |

注 (R)题项为预测试问卷净化后删除题项。

## 附录4 正式调查问卷

您好!设计的这份学术性研究问卷,意在探究员工沉默行为、心理资本、员工绩效之间的关系,采用匿名填写,回答没有"对"与"错"之分,调查结果仅供研究使用,不对外公开,请您根据实际感受如实填写。

感谢您的积极参与!

基本信息

1. 您的性别:

A. 男　　B. 女

2. 您的年龄:

A. 20~30岁　　B. 31~40岁　　C. 41~50岁　　D. 51岁及以上

3. 您的教育程度:

A. 高中或中专及以下　　B. 大专　　C. 本科　　D. 硕士及以上

4. 您在本单位的工作年限:

A. 1年及以下　　B. 1~3年　　C. 3~5年　　D. 5~10年　　E. 10年及以上

5. 您的职位类别:

A. 一般职员　　B. 基层管理者　　C. 中层管理者　　D. 高层管理者

6. 您的岗位类别:

A. 技术/研发　　B. 生产/运营　　C. 市场/销售　　D. 财务/会计

E. 人力/行政　　F. 其他

以下每一个题项中对应着非常不同意、不同意、有点同意、同意、非常同意五个选项，请任选其一，并在符合的方框内画"√"。

第一部分：没有对错之分，请任选其一，并在方框内画"√"。

| | 题项 | 非常不同意 | 不同意 | 有点同意 | 同意 | 非常同意 |
|---|---|---|---|---|---|---|
| 1 | 领导基本已经决定了，自己的意见不会起太大作用，所以什么也不说 | 1 | 2 | 3 | 4 | 5 |
| 2 | 我的建议不会影响现行的状况，所以不发表意见 | 1 | 2 | 3 | 4 | 5 |
| 3 | 领导采纳我的建议的可能性很小，所以不发表意见 | 1 | 2 | 3 | 4 | 5 |
| 4 | 领导不会更改一些决定，说了没有很大的意义，所以保持沉默 | 1 | 2 | 3 | 4 | 5 |
| 5 | 担心影响同事间的人际关系，因此不发表意见 | 1 | 2 | 3 | 4 | 5 |
| 6 | 以免成为众矢之的，所以保持沉默 | 1 | 2 | 3 | 4 | 5 |
| 7 | 担心得罪领导和同事，所以不发表意见 | 1 | 2 | 3 | 4 | 5 |
| 8 | 我和大家关系都不错，碍于面子，还是不要提意见 | 1 | 2 | 3 | 4 | 5 |
| 9 | 别人的事情和我没关系，没有必要说 | 1 | 2 | 3 | 4 | 5 |
| 10 | 我对企业的事情不关心，无所谓 | 1 | 2 | 3 | 4 | 5 |
| 11 | 对存在的问题，采用中庸之道，不多说也就没有太多责任 | 1 | 2 | 3 | 4 | 5 |
| 12 | 我和企业的感情不深，没必要说 | 1 | 2 | 3 | 4 | 5 |

第二部分：凭感觉回答即可，请任选其一，并在方框内画"√"。

| | 题项 | 非常不同意 | 不同意 | 有点同意 | 同意 | 非常同意 |
|---|---|---|---|---|---|---|
| 1 | 我相信自己能分析长远的问题，并找到解决方案 | 1 | 2 | 3 | 4 | 5 |

续表

| | 题项 | 非常不同意 | 不同意 | 有点同意 | 同意 | 非常同意 |
|---|---|---|---|---|---|---|
| 2 | 与管理层开会时,在陈述自己工作范围之内的事情这方面我很自信 | 1 | 2 | 3 | 4 | 5 |
| 3 | 我相信自己对公司战略的讨论有贡献 | 1 | 2 | 3 | 4 | 5 |
| 4 | 在我的工作范围内,我相信自己能够帮助设定目标 | 1 | 2 | 3 | 4 | 5 |
| 5 | 我相信自己能够与公司外部的人(比如供应商、客户)有效沟通与联系 | 1 | 2 | 3 | 4 | 5 |
| 6 | 我相信自己能够向一群同事陈述信息 | 1 | 2 | 3 | 4 | 5 |
| 7 | 如果我发现自己在工作中陷入了困境,我能想出很多办法摆脱出来 | 1 | 2 | 3 | 4 | 5 |
| 8 | 目前,我在精力饱满地完成自己的工作目标 | 1 | 2 | 3 | 4 | 5 |
| 9 | 任何问题都有很多解决方法 | 1 | 2 | 3 | 4 | 5 |
| 10 | 眼前,我认为自己在工作上相当成功 | 1 | 2 | 3 | 4 | 5 |
| 11 | 我能想出很多办法来实现我目前的工作目标 | 1 | 2 | 3 | 4 | 5 |
| 12 | 目前,我正在实现我为自己设定的工作目标 | 1 | 2 | 3 | 4 | 5 |
| 13 | 在工作中,我无论如何都会去解决遇到的难题 | 1 | 2 | 3 | 4 | 5 |
| 14 | 在工作中如果不得不去做,我也能做 | 1 | 2 | 3 | 4 | 5 |
| 15 | 我通常对工作中的压力能泰然处之 | 1 | 2 | 3 | 4 | 5 |
| 16 | 因为以前经历过很多磨难,所以我现在能挺过工作上的困难时期 | 1 | 2 | 3 | 4 | 5 |
| 17 | 在我目前的工作中,我感觉自己能同时处理很多事情 | 1 | 2 | 3 | 4 | 5 |
| 18 | 在工作中,当遇到不确定的事情时,我通常期盼事情向好的方向发展 | 1 | 2 | 3 | 4 | 5 |
| 19 | 对于自己的工作,我总是看到事情光明的一面 | 1 | 2 | 3 | 4 | 5 |
| 20 | 对我的工作的未来发展,我是乐观的 | 1 | 2 | 3 | 4 | 5 |
| 21 | 工作时,我总相信"黑暗的背后就是光明,不用悲观" | 1 | 2 | 3 | 4 | 5 |

第三部分：按照实际情况作答，请任选其一，并在方框内画"√"。

| | 题项 | 非常不同意 | 不同意 | 有点同意 | 同意 | 非常同意 |
|---|---|---|---|---|---|---|
| 1 | 我可以准确地完成自己的工作目标 | 1 | 2 | 3 | 4 | 5 |
| 2 | 我总是按时完成分派给我的工作任务 | 1 | 2 | 3 | 4 | 5 |
| 3 | 我能够高质量地完成工作 | 1 | 2 | 3 | 4 | 5 |
| 4 | 我对工作时间有较高的利用率 | 1 | 2 | 3 | 4 | 5 |
| 5 | 我愿意留在本部门继续工作 | 1 | 2 | 3 | 4 | 5 |
| 6 | 我工作格外努力 | 1 | 2 | 3 | 4 | 5 |
| 7 | 我总是能够主动帮助他人完成工作 | 1 | 2 | 3 | 4 | 5 |
| 8 | 我经常能够主动承担本职工作以外的其他工作 | 1 | 2 | 3 | 4 | 5 |

第四部分：凭第一印象回答即可，请任选其一，并在方框内画"√"。

| | 题项 | 非常不同意 | 不同意 | 有点同意 | 同意 | 非常同意 |
|---|---|---|---|---|---|---|
| 1 | 我相信我的单位是非常正直的 | 1 | 2 | 3 | 4 | 5 |
| 2 | 我认为我的单位对待我的态度是可靠的 | 1 | 2 | 3 | 4 | 5 |
| 3 | 我的单位是诚实可信的 | 1 | 2 | 3 | 4 | 5 |
| 4 | 我相信单位的动机和意图是好的 | 1 | 2 | 3 | 4 | 5 |
| 5 | 我认为单位能够公正地对待我 | 1 | 2 | 3 | 4 | 5 |
| 6 | 我的单位对我是坦率、直接的 | 1 | 2 | 3 | 4 | 5 |
| 7 | 我完全相信单位 | 1 | 2 | 3 | 4 | 5 |

第五部分：回答没有对错之分，请任选其一，并在方框内画"√"。

| | 题项 | 非常不同意 | 不同意 | 有点同意 | 同意 | 非常同意 |
|---|---|---|---|---|---|---|
| 1 | 我认为管理者的绝大多数决策都不需要咨询员工 | 1 | 2 | 3 | 4 | 5 |
| 2 | 对待员工时，管理者常常有必要使用权威和权力 | 1 | 2 | 3 | 4 | 5 |
| 3 | 管理者应该较少地征求员工的看法 | 1 | 2 | 3 | 4 | 5 |
| 4 | 管理者应该避免和员工发生工作以外的接触 | 1 | 2 | 3 | 4 | 5 |
| 5 | 管理者不应该安排重要的任务给员工 | 1 | 2 | 3 | 4 | 5 |

非常感谢您的耐心回答！